★ 适合14-15岁 ★

自主阅读

小测试

经典中漫步

经典中漫步 1

第一单元　阅读品鉴

《复活的土地》

1. 下列对“你——悲哀的诗人呀，也该拂去往日的忧郁”这两句诗的含义理解不当的是哪一项？____

A. 水深火热的生活即将结束，诗人勉励自己拂去往日的忧郁。

B. “悲哀的诗人”就是指作者自己，暗示光明即将到来。

C. 诗人容易患上忧郁症，易于陷入意义的虚无之中。

D. 诗人也是民众的一部分，诗人所体现的情感，就是民族的情感。

2. 下列对“复活的土地”的含义理解不当的是哪一项？____

A. “复活”让人联想到苦难即将过去，曙光即将呈现的预兆。

B. “土地”贯穿全诗，让人联想到播种者、诗人和战斗者。

C. 整体表达了对九百六十万平方公里土地的赞美之情。

D. 采用象征手法，表达对国家、对革命、对人民美好前景的向往。

《热爱生命》

1. 这首诗通篇用两种不同心态的____来表现诗人____。

A. 暗示　　B. 对比

C. 对生活的热情和赞美

D. 对生命的思考和热爱

2. 第三节中“寒风冷雨”指的是什么？

____

A. 困难挫折　　B. 自然界的风雨

C. 讥讽嘲笑的话　　D. 卑鄙的行径

《秋颂》

1. 下列对诗歌内容的理解，不正确的是哪一项？____

A. 本诗以丰硕温暖的气氛先写秋色，再写秋天的人，最后写秋声。

B. 第一小节写秋末景象，用一系列动词表现了成熟的过程，将这一切归功于夏末，达到了“颂”的效果。

C. 诗中一直以“你”来称呼秋天，以拟人的手法为我们描绘了一个充满繁忙、心怀喜悦的秋天，显得亲切而又真实。

D. 作者笔下的秋是明澈、飒爽、透彻与洒脱的，充满了“闲”与“逸”的美。

2. 第三小节写了秋天的哪些声音？____

A. 小飞虫的哀音、蟋蟀的歌声

B. 知更鸟的呼哨声

C. 群羊的咩叫

D. 燕子的呢喃

《死水》

1. 下列哪项不是对闻一多创作特点“三美”的表述？____

A. 悲剧美　　B. 音乐美

C. 绘画美　　D. 建筑美

2. 如何理解“不如多扔些破铜烂铁，爽性泼你的剩菜残羹”？____

A. 表达作者对黑暗现实的否定。

B. 表达作者绝望以至生无可恋的心情。

C. 表达破罐子破摔的心理。

D. 表达作者对美好生活的向往。

《这是四点零八分的北京》

1. “永远记着我，妈妈啊，北京！”下列对这句话理解有误的是哪一项？___

A. 直抒胸臆，表达自己不愿离开的心情。

B. 表达了对母亲的依恋。

C. 表达诗人对北京难以割舍的感情。

D. 传达出殷切希望，国家莫要忘记知青。

2. 下列对诗人以《这是四点零八分的北京》为题理解不正确的是哪一项？___

A. “四点零八分”在这里是在特定年代背景下的一个特定的历史时间。

B. 诗人把远离父母、家乡的惜别之情以及对未来的忧虑和恐慌都集中在这一瞬间。

C. 表达对那个时代的无比怀念之情，表达对离开北京的欣喜之情。

D. 通过对历史的瞬间放大，通过再现强烈的主观感受，表达对历史的反思。

《当你年老时》

1. 诗人以“当你年老”作为整首诗的开头，下列理解不准确的是哪一项？____

A. 这是一种特别的抒情方式。

B. 描绘了一个虚拟的世界：当你年老。

C. 诗歌的开头读起来沉重，易使人抑郁。

D. 诗人对爱的表达更为含蓄、持久。

2. 下列对这首诗的意象内涵理解不正确的是哪一项？____

A. “炉火”代表了晚年生活的场景。

B. “炉火”象征诗人的激情像炉火一样在胸中燃烧。

C. “爱”的形象在山峦和群星之间被具体化。

D. “爱”的形象是被超脱的仙人博爱形象。

《遥远的童话》

1. 下列哪一项不是诗人所描述的“明媚的记忆欢笑”的内容？____

A. 诞生的喜悦

B. 生活着的城市和村庄

C. 青春的岁月

D. 一起玩耍的朋友

2. 这首诗运用了什么写作手法强烈地表

达了对往昔美好岁月的留恋和对血泪现实的悲伤和绝望？____

A. 对比　　B. 夸张

C. 以小见大　　D. 借景抒情

第二单元　诗颂经典

《十四行集（节选）》

1. 下列对“我们站立在高高的山巅”的含义理解正确的是哪一项？____

A. 实写站在山巅、目睹现实中的美景。

B. 站在人生的角度，我们都生活在同一片天空之下，大家融为一体。

C. 站在宇宙的角度，自然是永恒的，天地与我并生，万物与我合一，时间空间不可分割，这便是宇宙人生的本真。

D. 以上三个选项都对。

2. 下列对诗歌的赏析不正确的是哪一项？____

A. 诗歌充分体现了新月派诗人“三美”（建筑美、绘画美、音乐美）的创作主张。

B. 在一五篇中，诗人开篇用“肩负重物的驮马”“流水中的泥沙”隐喻我们的生命历程就是肩扛重物不断前进的过程。

C. 在一六篇中，“化”字重复出现了六次，给人一种迟滞呆板之感。

D. 诗歌表现出了作者对诗情哲理化的追求，能从敏锐的感觉出发，注重从细节着眼捕捉诗意，在日常的境界里体味出微妙的哲理。

《雪落在中国的土地上》

1. 诗人把自己、广大农民和祖国的苦难命运联系在一起的诗句是哪一项？____

A. 雪落在中国的土地上，寒冷在封锁着中国呀……

B. 我的生命也像你们的生命一样的憔悴呀。

C. 我们的年老的母亲，都蜷伏在不是自己的家里。

D. 我的在没有灯光的晚上，所写的无力的诗句。

2. 下列哪一项不是诗歌所表达的情感？____

A. 诗人希望自己的诗句能给祖国带来温暖。

B. 抒写了残暴的侵略战争使中国人民蒙受的苦难。

C. 表达了诗人忧国忧民的沉重心情。

D. 表达了诗人对雪花飘落、冰封大地、人间奇寒的恐惧。

《赞美》

1. 下列哪一项不是诗人所刻画的形象？____

A. 这是一个忍受屈辱、麻木不懂抗争

的中国农民形象。

B. 刻画了一个在痛苦中挣扎的中国农民的形象。

C. 刻画了一个谋求生存的中国农民的形象。

D. 这一形象是中国人民的缩影。

2. 下列哪一项不是“一个民族已经起来”在诗中的作用？____

A. 这句话揭示了全诗的主旨。

B. 因为反复咏唱造成强烈的抒情氛围。

C. 苦难中的中国人民终于起来了，走进了抗战的行列。

D. 这句话含蓄地指出了中国底层人民的觉醒。

《再别康桥》

1. 下列哪一个意象不是诗人用来渲染和表现对康桥的眷恋？____

A. 金柳　　B. 新娘

C. 青荇　　D. 潭水

2. 最后一节，诗人说“悄悄的我走了”，下列哪一项不是“悄悄的”原因？__

A. “悄悄”也有“寂寞”的含义。

B.诗人不愿把来寻旧梦这件事嚷出去。

C. 不想打扰静谧的康桥美景。

D. 诗人是一个人来的，热闹不起来。

《雨巷》

1. 下列不正确的是哪一项？____

A. 戴望舒是中国现代诗人，主要诗集有《我的记忆》《望舒草》《望舒诗稿》《灾难的岁月》。

B.《雨巷》是戴望舒早期的成名作和代表作，诗歌发表后产生了较大影响，诗人也因此被称为“雨巷诗人”。

C. 戴望舒早期的诗歌受西方印象派的影响，意象朦胧、含蓄。

D. 后期诗歌主要表现热爱祖国、憎恨侵略者的强烈感情和对美好未来的热烈向往，诗风明朗、沉挚。

2. 判断正误：诗中借江南小巷的阴沉来象征当时社会的黑暗；“我”在黑暗中迷失了方向，找不到出路，充满了迷惘和绝望。____

《我是一个任性的孩子》

1. 下列对“我没有领到蜡笔 / 没有得到一个彩色的时刻”的分析不正确的是哪一项？____

A. 因为在诗人的所有色彩中，唯独没有黑色，这在现实中是不可能的。

B. 诗人梦想的美好多彩的世界在现实中也是没有的。

C. 此处诗人由美好的梦想回到了现实，现实的丑恶和黑暗让诗人失望和痛心。

D. 诗人的心是忧郁的，对黑暗的现实世界充满了绝望。

2. 诗人在诗中所描绘的理想与现实最大的不同在哪里？____

A. 理想世界只存有一切美好的事物，

扬弃了一切丑恶和黑暗。

B. 理想世界是彩色的，现实世界是暗淡的。

C. 理想世界是充满希望的，现实世界布满失望。

D. 理想世界是甜蜜的，现实世界是苦涩的。

《相信未来》

1. 诗中的“蜘蛛网”象征什么？____

A. 黑暗的势力

B. 产生希望的地方

C. 残余的希望

D. 纯洁

2. 对这首诗的赏析不正确的是哪一项？____

A. 诗人在当时仍然执着地相信未来。

B. 诗中的“固执”并非贬义，显示出作者相信未来的执着。

C. “用孩子的笔体”写下“相信未来”，说明作者当时还很幼稚很年轻。

D. “当灰烬的余烟叹息着贫困的悲哀”采用了拟人的手法。

第三单元　诗漾笔尖

《中国，我的钥匙丢了》

1. 对“儿童时代的画片”“翠绿的三叶草”理解不正确的是哪 一项？____

A. 理想　　B. 追求

C. 未来　　D. 现实

2. “寻找钥匙”象征着什么？____

A. 只有经过时间的长河，才能明了事情的真相。

B. 人们不再被物欲横流所迷惑，终于认识到了读书对于国人的重要性。

C. 诗人终于意识到“万般皆下品，唯有读书高”这句话的含义。

D. 暗示着正常、有序、生活的回归，人们开始注重精神生活的重建。

《在山的那边》

1. 这首诗描述了一个山区孩子童年的____，即对____和自信。

A. 世界　　B. 幻想

C. 大海的热烈向往

D. 自由的热烈向往

2. 下列说法不正确的是哪一项？____

A. 我伏在窗口痴想，渴望见到波涛汹涌的大海。

B. 我渴望见到的大海是信念凝成的大海。

C. 山那边的山，铁青着脸，使我一次次失望过。

D. 从小飘来的种子使我一次次鼓起信心。

《致大海》

1. 下列哪一项不是诗中运用的修辞手法？____

A. 排比　　　　B. 反复

C. 比喻　　　　D. 抒情

2. 诗中的主旨句是哪一句？____

A. 大海——变幻的生活，生活——汹涌的海洋

B. 多少行在沙滩上留下的足迹

C. 多少次向天边扬起的风帆

D. 多么骄傲我的心

《梦江南》

1. 下列哪一项不是这首诗涉及的意象？____

A. 乌篷船　　　　B. 油纸伞

C. 艄公　　　　D. 莲花

2. “你若十指紧扣，便是生死五百年。”这句诗与下列哪一项意境相似？____

A. 预支五百年心意，到了千年又觉陈。

B. 哀哉百年内，场断忆咸京。

C. 想应百年后，人世更悠悠。

D. 我在佛前求了五百年，求佛让我们结一段尘缘。

《丢失的黑夜》

1. 当代人把黑夜丢在何方？下列表述不正确的是哪一项？____

A. 丢在某处灯光下

B. 丢在早早的入睡梦境

C. 丢进一片嘈杂

D. 丢到霓虹与影子的对话

2. 诗人渴望回归到怎样的夜色之中？下列表述不正确的是哪一项？____

A. 夜晚读书　　　　B. 回归宁静

C. 安然入睡　　　　D. 秉烛夜谈

《稻谷深沉》

1. 下列对这首诗的分析有误的是哪一项？____

A. 一个农民子弟的乡野牧歌。

B. 一个受挫之人的伤心控诉。

C. 一个都市游子爱的悲啼。

D. 一个失去土地的农民的泣诉。

2. “一群又一群稻谷走来走去——举着各自的命”这句诗意在表明什么？___

A. 人的命运天注定。

B. 乡村人在城市的失落。

C. 人的命运掌握在自己手里。

D. 暗含诗人的乡愁。

《翻书的时候》

1. 判断正误：诗中“骨折的声音”是在暗示我们“书中的内容有时会很血腥，不忍翻看。” ____

2. 下列对“翻书”理解不正确的是哪一项？____

A. 诗人用“翻书”暗喻个体人生的警醒。

B. 延展到对整个世界的广阔思维。

C. 展示了思想的深度与宽度。

D. “翻书”有可能给我们带来致命的伤害。

第四单元　生命真谛

《成功》

1. 作者在第 8 段引用韩愈“业精于勤，荒于嬉；行成于思，毁于随”的名言，有什么作用？____

A. 表明勤奋是一种选择。

B. 论述勤奋对于成功的重要性。

C. 表明只要勤奋就能成功。

D. 阐释了勤奋和行动的关系。

2. 下列对本文观点的表述准确的是哪一项？____

A. 要想成功，天资、勤奋、机遇三者缺一不可。

B. 要想成功，不仅要靠天资或机遇，更要紧紧抓住“勤奋”这一关键。

C. 如何成功，勤奋最重要，天资和机遇可有可无。

D. 生来就有资质的人已经成功了一半。

《成为你自己》

1. 文章第 4 自然段中作者把生活中的某种人比作“事务的一架机器”，这种人的具体表现是什么？____

A. 总在为外界的事务忙碌，没有自己的内心生活。

B. 彻头彻尾成为别人的思想的代言人。

C. 凡事只是机械地执行命令，不去思考对与错。

D. 理不清事务的轻重缓急，认识不到自己的内心世界。

2. 文章最后一句是“坚持这一标准，你的自我才能闪放出个性的光华”，其中，“这一标准”是什么？____

A. 意识到他的“自我”的宝贵。

B. 是对积极人生的独特领悟和坚守。

C. 自己的内心生活。

D. 自己的特色和滋味。

《心系一处》

1. 下列对“心系一处”理解正确的是哪一项？____

A. 专心致志做某件事情。

B. 只是住一个地方。

C. 一次只做一件事。

D. 对某件事很焦虑。

2. 作者认为怎样才能做到“心系一处”？下列说法不正确的是哪一项？____

A. 需要坚强的毅力。

B. 需要持久的韧性。

C. 需要高人指点。

D. 需要守住内心的一片安静。

《遵从生命》

1. 本文的话题“遵从生命”是由什么引起的？____

A. 一位记者提问的。

B. 日常生活的思考。

C. 信马由缰的随想。

D. 工作时的由感而发。

2. 根据文意，作者如何分配写作和作画的时间？下列说法不正确的是哪一项？____

A. 在写作写到最充分时，便想画画；在作画作到最满足时，即渴望写作。

B. 一切想象中的形象和画面，还有情感乃至最细微的感觉，都必须“翻译”成文字符号。这时写作。

C. 当我扑到画案前，挥毫把一片淋漓光彩的彩墨泼到纸上，它立即呈现出无穷的形象。莽原大漠，疾雨微霜，浓情淡意，幽思苦绪，一下子立见眼前。

D. 白天一般用来画画，到风景最美的地方；晚上用来写作，在夜深人静之时。

《法布尔的忠告》

1. 向法布尔请教的青年事倍功半的原因是什么？____

A. 爱好过多，爱好不当。

B. 废寝忘食，没有做到劳逸结合。

C. 天资较差，后天难以弥补。

D. 多种兴趣爱好平均用力。

2. 下列对本文中心观点的表述，准确的是哪一项？____

A. 在人才学中，“聚焦成才”是一个重要的规律。

B. “聚焦”是治学的需要。

C. 探索学问，需要用毕生之精力。

D. 成才需要专注于一点，不可旁涉其他。

《匠人与大师》

1. 本文的中心论点是什么？____

A. 我们不应满足于做“匠人”，要有较高目标、有追求，有不断创新的精神。

B. 我们可能在实际业绩上达不到大师水平，但至少在思想方法上要循大师的思路。

C. 研究这个区别毫无贬损匠人之意，大师是辉煌的里程碑，匠人是可贵的铺路石。

D. 虽然从匠人而成为大师的总是少数，但这种进取精神是人类进步、社会发展的动力。

2. 下列哪一项不是本文的论证过程？____

A. 先从三个方面分析匠人和大师的区别。

B. 然后揭示研究这种区别的目的。

C. 提出中心论点。

D. 继续深入论证大师和匠人的区别。

第五单元　文化思索

《怎样才配做一个现代学生》

1. 现代学生至少要具备哪三个条件？___

　A. 狮子样的体力

　B. 猴子样的敏捷

　C. 骆驼样的精神

　D. 崇好美术的素养

2. 作为中学生的你，读罢此文，受到了什么启发？____

　A. 首先得有健康的身体，积极进行体育锻炼，保持健康的体魄。

　B. 面对中国日新月异的变化，我们更要努力学习，肩扛祖国发展的责任。

　C. 责任虽重，但是我们责无旁贷，为中华民族的伟大复兴贡献自己的力量。

　D. 作为学生的第一要务是读书，我们要珍惜现在的幸福时光，不浪费光阴。

《每个村落都是一座文化堡垒》

1. 下列对题目中“堡垒”的理解不正确的是哪一项？____

　A. 指战争时用于防守的难以攻破的坚固的建筑物。

　B. 大山的阻隔造成客家人语言和习俗保持百年甚至千年不变，成为文化的“活化石”。

　C. 含有作者对此的赞叹之情。

　D. “堡垒”的阻隔，曾让作者感受到交流障碍。

2. 下面对这篇文章内容分析不正确的是哪一项？____

　A. 作者小时候深受方言不通之苦，然而渐渐接触村庄外面的事物多了之后，发现这是有意思的差别，正是因为有差别，才显得丰富多彩。

　B. 华夏 5000 年的文明史，有一个人口南迁历史现象特别凸显。在历史上，先后发生了 5 次客家人南迁。

　C. “像磁针引路似的，他们都一路向南走来。”这个磁针便是没有战争，南方的绵绵群山之中，战车不能驰骋，战马不能驰奔，因此成为客家人最好的落脚地。

　D. 最后一小节说：“历史总在路上等我们，我们每天都在和古人相遇。”这句话的意思是我们每天都说着方言，有着不同的习俗，这些都是历史的产物。

《艰难的国运与雄健的国民》

1.“艰难的国运”是指____，“雄健的精神”是指____。

　A. 帝国主义列强虎视眈眈，国内军阀混战。

　B. 人民生活在水深火热之中。

　C. 一直行走在坦平道路的目的。

　D. 冲破一切艰难险阻，勇往直前的精神。

2. 下列对语句分析不正确的是哪一项？____

A. 用长江大河比喻民族生命的进程。长江大河在平原上一泻万里，有时却在丛山叠岭中回环曲折，极其险峻，民族生命的进程“亦复如是”。

B. 用旅行来比喻人类在历史上的生活。走到平坦的地方，固是高高兴兴地向前走，走到崎岖的境界，愈是奇趣横生，愈能感到一种冒险的美趣。

C. 用“浩浩荡荡”比喻中华民族历史一直平坦向前，未曾遇到挫折。

D. 文中的一系列比喻生动形象地表现了作为中华民族的一员的作者内心的豪情壮志，也增强了文章的说服力。

《一番语重心长的话——给现代中国青年》

1. 以下哪几项是作者认为的悲惨厄运三部曲？____

A. 第一部是悬一个很高的理想，要改造社会。

B. 第二部是发现理想与事实的冲突，意志与社会恶势力相持不下。

C. 第三部便是理想消灭，意志向事实投降，没有改革社会，反被社会腐化。

D. 第三部是没有彻底的觉悟，不拿出坚毅的意志力，不下艰苦卓绝的功夫，不做脚踏实地的准备。

2. 做现代的中国人，你必须有哪几个基本的认识？____

A. 时代的认识——人类社会进化逃不掉自然律。

B. 国家民族现在地位的认识。

C. 个人对于国家民族的关系的认识。

D. 彻底觉悟的认识。

《做一个有“祖”的人》

1. 下列对文章内容的理解，与原文不相符的是哪一项？____

A. 现代教育中要培养孩子的“身世感”，只有了解“身世”，知道家族谱系和故乡史，对自己的生命角色才有完整感受。

B. 有媒体发起了“中学生历史写作大赛”与“微家史”征集活动，其实质即精神上的“问祖”“探亲”。

C. 我爱“祖国”美丽的大好河山，也为它遭受灾难而疼痛，当这个民族承受着大苦难，所有人缔结成一个命运共同体，这就是爱“祖国”。

D. 在这片古老的土地上，若没有了“祖业”，若没有了祖上的山水、文化、遗存，若没有了祖上的文章、语言、习俗、礼仪，“祖国”将无处安身。

2. 下面哪则材料不符合本文的主题？____

A. 你是中国人，不要忘了中国，不要

一笔抹杀自己的文化。做人要从历史里探求本源，在大时代的变化里肩负维护历史文化的责任。（92 岁的国学大师钱穆退休前给博士班弟子们上的最后一课结束语）

B. 一条大河波浪宽，风吹稻花香两岸，我家就在岸上住，听惯了艄公的号子，看惯了船上的白帆。这是美丽的祖国，是我生长的地方，在这片辽阔的土地上，到处都有明媚的风光。（电影《上甘岭》主题曲《我的祖国》）

C. 习近平在北京师范大学看望教师时说："我很不赞成把古代经典诗词和散文从课本中去掉，'去中国化'是很悲哀的。应该把这些经典嵌在学生脑子里，成为中国民族文化的基因。"

D. 互联网时代到来对语言文字产生了巨大影响。"人艰不拆""十动然拒"等网络词语在中学生间十分流行，因此我们应该加大对此类词语的运用，摒弃传统的成语。

第六单元　教养艺术

《宽容是一种爱》

1. 下列语句与文章内容相符的是哪一项？____

A. 在唯利是图的商业时代，宽容同忠厚一样都成了有用的别名。

B. 普鲁斯特和贝索勒关于"定比"这一定律的争论，最后结果是以贝索勒的胜利而告终。

C. 烦恼、忧愁，甚至能让我们恼怒、无法容忍的事情，可能天天会摩肩接踵而来。

D. 用宽容所付出的爱，在以后的日子里或许有一天会得到回报。

2. 对于文中作者告诉我们如何做到"宽容"，表述不正确的是哪一项？____

A. 允许别人反对，又不计较别人的态度。

B. 能充分看待别人的长处，并吸收其营养。

C. 以心对心去包容、去化解，让这个世界变得温润一些。

D. 人人都有苦衷，要原谅别人的一切错误。

《第一重要的是做人》

1. "学界有些人很贬薄别人下海经商，而因为自己仍在做学问就摆出一副大义凛然的气势。"这句话采用了什么论证方法？____

A. 举例论证　　B. 道理论证

C. 对比论证　　D. 比喻论证

2. 根据本文的观点，下列哪一项不是做

人成功的标准？____

A. 做事态度认真。

B. 做人诚实正直。

C. 做人光明磊落。

D. 做事是有高低贵贱之分的。

《择善而从最重要》

1. 对于第 3 自然段当中“爱”的理解，不正确的是哪一项？____

A. 爱需要理智。

B. 爱需要同智慧结合。

C. 盲目亢奋的爱是一种伤害。

D. 爱可以拯救一切。

2. 根据文意，用一个词概括这篇文章的主旨。____

A. 诚实　　B. 爱

C. 善良　　D. 智慧

第七单元　精神广厦

《生命的宽度》

1. 下列有关拓展生命宽度的理解，不正确的是哪一项？____

A. 拓展生命的宽度需要牺牲自己。

B. 拓展生命的宽度可以润泽众人。

C. 拓展生命的宽度的形式多种多样。

D. 拓展生命的宽度这种做法是值得点赞的。

2. 下列不属于拓展生命宽度做法的是哪一项？____

A. 著书立说，给后人留下丰富的精神财富。

B. 锻炼身体，注重饮食，活到九十九。

C. 助人为乐，帮助留守儿童完成学业。

D. 做志愿者，为需要光明的人点亮一盏灯。

《事事关心》

1. 本文的中心论点是什么？____

A. 既要努力读书，又要关心政治，这是愈来愈明白的道理。

B. 古人读书似乎都没有什么政治目的，都是为读书而读书，都是读死书。

C. 书院的环境便于人们专心读书。

D. 东林党人读书和讲学，显然有他们的政治目的。

2. 作者认为东林党人的进步性是____，局限性是____。

A. 他们把天下事与国事并提。

B. 一面致力于读书，一面关心政治，强于那些只知道读死书和追求功名利禄的人。

C. 为读书而读书，都是读死书的。

D. 仍站在封建统治阶级的立场上，没有反封建的因素。

《不要错过人生的低谷》

1. 下列哪一项不是“不要错过人生的低谷”的理由？____

A. 挫折和磨难的出现，才塑造了我们

伟大的人生。

B. 低谷处的崛起才是伟大的崛起。

C. 只有穿越了生命低谷的人，才是苦难的征服者。

D. 只是为了追求美丽的风景。

2. 下列哪一项不是作者在开头两段介绍登山家奔向山谷的事例的作用？____

A. 形象生动地写出低谷的美丽。

B. 引出下文，深化主旨。

C. 交代山谷对登山家具有极大的吸引力。

D. 引出本文议论的话题。

整本书阅读

《艾青诗选》

1. 艾青 (1910–1996)，原名____，中国现代诗人，成名作____，发表于1933年，这首诗奠定了他诗歌的基本艺术特征和他在现代文学史上的重要地位。

A. 蒋正涵

B.《我爱这土地》

C.《大堰河——我的保姆》

D. 臧克家

2. 下面对《艾青诗选》内容的表述不正确是哪一项？____

A.《礁石》中“含着微笑，看着海洋”的礁石，象征着坚韧不拔、高傲自负的人们。

B. 从“活着就要斗争，在斗争中前进”可以体会到诗人对革命的崇高热情、不懈努力，以及为革命奉献生命的伟大思想感情。

C. 从“即使死亡，能量也要发挥干净”这两句可以看出诗人对生命的热爱、赞赏，以及奉献自己、贡献力量的伟大情怀。

D. “然后我死了，连羽毛也腐烂在土地里面。”这两句诗形象而充分地表达了诗人对土地的眷恋，而且隐含献身之意。

《泰戈尔诗选》

1. 泰戈尔因哪部作品成为第一位获得诺贝尔文学奖的亚洲人？____

A.《飞鸟集》　B.《园丁集》

C.《新月集》　D.《吉檀迦利》

2. 下列哪句话出自泰戈尔？____

A. 天空没有翅膀的痕迹，但我已飞过。

B. 假如生活欺骗了你，不要悲伤，不要心急！

C. 我选择了人迹更少的一条，从此决定了我一生的道路。

D. 我必须是你近旁的一株木棉，作为树的形象和你站在一起。

附参考答案:

经典中漫步 1

第一单元/阅读品鉴

《复活的土地》 1.C 2.C
《热爱生命》 1.BD 2.A
《秋颂》 1.B 2.ABCD
《死水》 1.A 2.A
《这是四点零八分的北京》
1.A 2.C
《当你年老时》 1.C 2.D
《遥远的童话》 1.D 2.A

第二单元/诗颂经典

《十四行集(节选)》 1.D 2.C
《雪落在中国的土地上》 1.C 2.D
《赞美》 1.A 2.D
《再别康桥》 1.B 2.D
《雨巷》1.C 2. 错误
《我是一个任性的孩子》 1.D 2.A
《相信未来》1.A 2.C

第三单元/诗漾笔尖

《中国,我的钥匙丢了》 1.D 2.D
《在山的那边》 1.BC 2.A
《致大海》 1.D 2.A
《梦江南》 1.D 2.D
《丢失的黑夜》 1.B 2.D
《稻谷深沉》 1.A 2.B
《翻书的时候》1. 错误 2.D

第四单元/生命真谛

《成功》 1.B 2.B
《成为你自己》 1.A 2.B
《心系一处》 1.A 2.C
《遵从生命》 1.A 2.D
《法布尔的忠告》 1.D 2.A
《匠人与大师》 1.A 2.D

第五单元/文化思索

《怎样才配做一个现代学生》
1.ABC 2.ABCD
《每个村落都是一座文化堡垒》
1.A 2.B
《艰难的国运与雄健的国民》
1.AD 2.C
《一番语重心长的话——给现代中国青年》 1.ABC 2.ABC
《做一个有“祖”的人》 1.A 2.D

第六单元/教养艺术

《宽容是一种爱》 1.C 2.D
《第一重要的是做人》 1.A 2.D
《择善而从最重要》 1.D 2.A

第七单元/精神广厦

《生命的宽度》 1.A 2.B
《事事关心》 1.A 2.BD
《不要错过人生的低谷》 1.D 2.B

整本书阅读

《艾青诗选》 1.AC 2.A
《泰戈尔诗选》 1.D 2.A

经典中漫步 2

第一单元　览物之情

《游岳阳楼记》

1. 请用原文回答作者在风渐劲时的心情是____，在猛风大起时的心情是____。

   A. 郁郁不得志

   B. 亦甚雄快

   C. 先忧后乐

   D. 愀然以悲，泫然不能自已

2. 以下对文章的内容和作者的感情赏析有误的是哪一项？____

   A. 本文写岳阳楼有具体的时间气候、有特殊的船只、有特殊的视觉效果，人物的情感也是随着具体的景色而不断变化。

   B. 作者认为自己四十多岁了，头发都白了，感觉自己因生活贫困导致未老先衰，遭逢父亲病故，加上飘零异乡，实在应哭泣。

   C. 作者因为风景变幻而哭起来，可见不但感情容易激动，而且性格多愁善感，是属于迁客骚人“以物喜，以己悲”的表现。

   D. 作者在文中还联系了修建岳阳楼的滕子京因在官场上受到打击而在宾客间大哭的典故，对照自己当时的人生经历，表现自己的人生感慨。

《观潮》

1. 本篇文章作者依次写了____的场面，令人回味无穷。

   A. 弄潮之技　　B. 观潮之盛

   C. 演兵之威　　D. 潮来之状

2. 下列最能恰当地表达作者思想感情的是哪一项？____

   A. 这篇文章赞美了钱塘江大潮的奇特、雄伟、壮观，抒发了作者热爱祖国大好河山的真挚感情。

   B. 这篇文章赞美了钱塘江大潮地凶险和壮美景象，抒发了作者热爱家乡的真挚感情。

   C. 这篇文章赞美了钱塘江大潮来临前的壮观景象，抒发了作者热爱大自然的感情。

   D. 这篇文章赞美了钱塘江弄潮儿高超的技术，抒发了作者对弄潮儿的敬佩之情。

《记九溪十八涧》

1. 以下对文中词语解释错误的是哪一项？____

   A. 澄然：清亮的样子。

   B. 踵趾错互：山脚互相交错。

C. 春箨始解：春天新竹生长，笋壳开始脱落。

D. 滃然：波浪涌起的样子。

2. 本文表达了作者怎样的思想感情？___

A. 表达了作者对水非常清澈的赞叹。

B. 表达了作者对大自然的喜爱和赞美之情。

C. 表达了作者对山势蜿蜒的惊叹。

D. 表达了作者对山上树木奇形怪状的好奇。

《岳阳楼记》

1. 作者依次从____等方面体现了岳阳楼之美。

A. 纯用木料构成，逗缝对榫，具有结构的精巧美。

B. 楼与湖是一整体，具有得天独厚的地势美。

C.《岳阳楼诗词选》具有深厚的文化美。

D. 因范仲淹的一记而不朽，具有高度的思想美。

2. 以下对本篇文章的内容及写作手法的赏析有误的是哪一项？____

A. 作者认为《岳阳楼记》被千古传颂，在于记录了滕子京的功绩，文章的价值在于能否体现作品的价值，由此提出“立言的价值之重且大”的问题。

B. 文中引用古人诗句，大量的古人诗句丰富了文章内涵，提升了文章品位，更体现出岳阳楼深厚的文化意蕴。

C. 古人说：“文以载道。”文章应表达深刻、透亮的思想，予人思想的启迪、心智的开启，予人心清意朗的审美愉悦，这样的文章才有生命力。

D. 文中写滕王阁、黄鹤楼的建筑地势，并与岳阳楼的建筑地势作比较，目的在于衬托岳阳楼得天独厚的地势美。

《想起范仲淹》

1. 下列分析作者对范仲淹的情感变化正确的是哪项？____

A. 佩服—钦敬—同情—赞美

B. 佩服—钦敬—敬服—赞美

C. 怜惜—同情—敬服—赞美

D. 佩服—同情—敬服—感激

2. 下列对本文有关内容的概括和赏析有误的是哪一项？____

A. 范仲淹重农事，督促属下为百姓种粮提供方便，让百姓有粮食吃，表达了作者对范仲淹解百姓之忧的赞美之情。

B. 范仲淹兴学育才，在邓州兴办花洲书院，抽暇亲自去为书院学生讲学，表达了作者对范仲淹的赞美之情。

C. 范仲淹让邓州的名字在大宋国里响亮起来，因为兴办花洲书院。他让邓州留在人们记忆里，是因为《岳阳楼记》诞生在此。

D. 范仲淹被贬官后在邓州感染疾病，自己却浑然不知，仍在为天下忧虑，表达了作者对范仲淹的同情。

第二单元　山亭景趣

《丰乐亭记》

1. 以下对欧阳修取名“丰乐亭”的深刻用意理解有误的是哪一项？____

A. 寄情山水的情趣

B. 与民同乐的思想

C. 岁物丰成的祝愿

D. 感谢圣君的恩德

2. 下列对本文有关内容的概括和赏析有误的是哪一项？____

A. 文中除记述建丰乐亭的经过及与滁人共游之乐外，还描绘了滁州从战乱到和平的变迁，从而寄托了安定来之不易，应予珍惜之意。

B. 文中写作者“与滁人仰而望山，俯而听泉”的四时之景，凝练而生动；道滁地风俗之美，淳厚而安闲。段中用了四个“乐”字，抒写了欧公此时的愉悦情怀。

C. 这篇文章的最大特点是借叙事而抒情，在叙述事件中诉说作者内心感受。文章用了大量笔墨写滁州人游乐的场景，从中流淌出作者丰富的情感。

D. 作者欧阳修时为滁州刺史，他体察民情，关心百姓疾苦，将滁州治理得井然有序，与百姓相处和谐，关系融洽，于是他才能得到真正的快乐。

《冷泉亭记》

1. 文中除了介绍冷泉亭，还依次介绍了____ ____ ____ ____四座亭子。

A. 韩仆射皋修筑的候仙亭

B. 相里君修筑的虚白亭

C. 裴庶子棠棣修筑的观风亭

D. 卢给事元辅修筑的见山亭

2. 下列对本文内容的概括和赏析有误的是哪一项？____

A. 作者以杭州现任官员身份赞扬前任官员修筑胜景，旨在阐发山水佳境有益身心、陶冶性情的美育作用。

B. 冷泉亭虽然高不到十六尺，宽不超过两丈，但是这里集中了最奇绝的景色，包罗了所有的美景。

C. 文中列举春夏两季和“坐而玩之者”“卧而狎之者”，连用了四个“可”字，说明冷泉亭景色之宜人。

D. 本文开头四句由近及远，由小而大，由点到面，写出亭的特点和位置。本文集中抒写在冷泉亭所感受的情趣和所获得的启发。

《醒心亭记》

1. 以下对本文中词语的解释有误的是哪一项？____

A. 又得以文词托名于公文之次。托名：假借他人名字而命名。

B. 则其心洒然而醒。洒然：不拘束的样子。

C. 吾君优游而无为于上。优游：悠闲自得的样子。

D. 乃公所以寄意于此也。寄意：寄托自己的心意。

2. 下列对文章的理解和赏析不恰当的是哪一项？____

A. 本文写欧阳修以“醒心”名亭，而曾巩为之作记，并与欧阳修的文章《醉翁亭记》巧妙地联系在一起，以“乐”贯穿全篇。

B. 第 2 段结尾句作者写了两个“善”。第一个“善”是说这个亭子建得好，可让游人在山水美景中乐而忘归；第二个“善”是说亭的名字取得好，“醒心”二字合乎造亭的初衷。

C. 欧阳修的“醉”只是表象，“醒”方是实质，“乐”则是体现，而这种“乐”正是“一山之隅，一泉之旁”的山水之乐。

D. 曾巩由写山水之乐，而论及“公之难遇”，一方面表现欧阳修虽被贬滁州，仍然忧国忧民，另一方面，也说明得意门生曾巩对恩师的内心世界了解得很清楚。

《陶然亭》

1. 文章中依次介绍了____等原因，使作者开始到达陶然亭的时候有些失望。

A. 路极不好走，满地垃圾，坎坷不平。

B. 陶然亭附近，只看到一片芦苇，远处半段城墙。

C. 有一些七零八落的树，谈不上绿荫，苍蝇蚊子到处乱钻。

D. 陶然亭周围房屋破破烂烂，还有乱坟葬埋。

2. 以下对本文内容的概括和情感的赏析有误的是哪一项？____

A. 北京陶然亭和武昌黄鹤楼、济南趵突泉一样有很大的名声，作者也是慕名游览，本文写出了作者游览的感受。

B. 作者在离开陶然亭时还有一点留恋，是因为作者和其妻女在陶然亭中被大而密的树包围，亭外车水马龙，一概不闻不见，感受到了难得的清静幽雅。

C. 公园里面沿湖有三条主要道路，作者走了中间的路，路面平整，与深池塘曲折相连，作者还看到两个雕刻精美的牌楼。

D. 作者游览一趟陶然亭公园，共走了约五里路，面对焕然一新的陶然亭，流连忘返，作者心情愉悦，感慨很多。

《三贬三境界》

1. 本文，作者重点介绍了三位文学家，以下对他们的介绍正确的是哪一项？____

A. 柳宗元积极参与王叔文集团政治革新，革新失败被贬，被贬柳州期间写下了《永州八记》。

B. 苏轼，字子瞻，号“东坡居士”。苏轼与父苏辙、弟苏洵并称为“三苏”。因“乌台诗案”被贬邓州。

C. 欧阳修，字永叔，号醉翁，自称庐陵人，与韩琦等人推行“庆历新政”被贬黄州。

D. 欧阳修，北宋政治家、文学家，在政治上负有盛名。谥号文正，世称“欧阳文正公”。与韩愈、柳宗元和苏轼合称“千古文章四大家”。

2. 以下对三位被贬官的文学家的经历与情感分析有误的是哪一项？____

A. 柳宗元被贬官后愤懑难平，所以寄情于山水，排解了内心的抑郁，但是一经凄清环境的触发，还是会有忧伤悲凉心情。

B. 苏轼被贬黄州的时候，写下了《记承天寺夜游》，抒发了被贬官后的苦闷、赏美景的愉悦、对人生的感慨和内心的豁达。

C. 苏轼被贬黄州的时候，写下了《水调歌头》，抒发了被贬官后的哀怨以及对弟弟的思念，但是他无法改变现实，所以表现了内心的无奈。

D. 欧阳修被贬滁州之后，滁州百姓的安乐生活，给了他极大的安慰，在某种程度上消解了其个人悲伤，体现出一种超脱自我的济世胸怀。

第三单元　冬日雪韵

《龙山雪》

1. 以下对本文中词语的解释正确的是哪一项？____

A. 霁：雨后或雪后的景象。

B. 呆白：呆滞雪白。

C. 苍头：这里指年纪大的伙计。

D. 三鼓：三次击鼓。

2. “万山载雪，明月薄之，月不能光，雪皆呆白。”这一句运用了什么写作手法，写出了哪些内容？____

A. 对比、雪后奇景和游人的雅趣。

B. 白描、雪后美丽而又神奇的景色。

C. 白描、雪后奇景和游人的雅趣。

D. 对比、雪后美丽而又神奇的景色。

《王子猷雪夜访戴》

1. 下列与“即便夜乘小舟就之”中“之”

字意思相同的是哪一项？____

A. 友人惭，下车引之。

B. 予独爱莲之出淤泥而不染。

C. 何陋之有？

D. 如欲之南海，何如？

2. 从本文可以看出王子猷是一个怎样的人？____

A. 性情潇洒的人。

B. “任诞放旷”和“率性而为”的人。

C. 潇洒自适的人

D. 有真性情的人。

《祁连雪》

1. 作者引用范仲淹的诗句“塞下秋来风景异，衡阳雁去无留意……千嶂里，长烟落日孤城闭。”有____和____作用？

A. 以古诗词渲染作者从前的印象，在强烈对比中反衬真相。

B. 引用古诗词，为自己的观点和看法提供有力的论据，增强说服力。

C. 起笔大气，在引起下文的同时，也透出文章特有的书卷气。

D. 引用古诗词，语言简洁凝练，增强说服力。

2. “它，也许是那些先行者在这又荒凉又美丽之地洒下的鲜血所凝成的吧？”结合全文，对这句话分析有误的是哪一项？____

A. 当年中国红军经过祁连山时忍冻挨饿，流血牺牲，历尽艰辛。

B. 这里景色壮美，是革命先辈用鲜血和生命突围而出的，因此显得景色更加美丽。

C. 这句话表达了作者对革命先辈的赞美与敬佩，是他们用生命为祖国铺就了一条通往光明的路。

D. 这句话表达了作者对革命先辈在这荒凉之地流血牺牲的同情，也凝聚着对祁连山雪峰绵延的惊叹。

《盼雪》

1. 作者笔下“医院里的白色”的精神内涵是什么？以下分析有误的是哪一项？____

A. 医院里的白色象征了对生命的挽留，能唤起对生命的记忆，寓示着新生。

B. 医院里的白色参与了缓解与诊治，带给人安慰与信任，成为一种与生相联系的色彩。

C. 医院里的白色象征着生命的纯洁，代表着生命的沉默，表现了作者对生命的思索。

D. 医院里的白色象征人类对生命逝去的惧怕，生命像雪花一样容易在世上消失，所以要珍爱生命。

2. 下列对本文有关内容的概括和情感的赏析，有误的是哪一项？____

A. 作者赋予雪主观思想，大雪涤荡了世间的肮脏污秽，同时也仿佛拭去了人们心上郁积已久的烦恼尘埃，使心灵得以轻松、得以安定。

B. 本文运用联想手法，将雪后万物复苏的景象写得呼之欲出。表达了作者对雪的盼望之情。

C. 文章结尾“下雪吧！”写了人类对雪的盼望，结尾简短有力，写出了作者对人类破坏环境的憎恨，以及大自然迅速改变循环规律的悲哀。

D. 文章中写了人类对大自然无节制的破坏，严重破坏了生态平衡，毁掉了正常的自然循环，所以出现了无雪的冬天。

第四单元　诗意悠长

《行路难（其二）》

1. 哪两句诗借用典故写出诗人在长安时不得志？____

A. 羞逐长安社中儿，赤鸡白雉赌梨栗。

B. 弹剑作歌奏苦声，曳裾王门不称情。

C. 淮阴市井笑韩信，汉朝公卿忌贾生。

D. 剧辛乐毅感恩分，输肝剖胆效英才。

2. “弹剑作歌奏苦声，曳裾王门不称情。”这句诗中的哪一个词语点明诗人当时在京城的心情、境遇？____

A. 弹剑　　B. 作歌

C. 奏苦声　　D. 不称情

《醉赠刘二十八使君》

1. 判断正误：“为我引杯添酒饮”，“引”本意为用力拉开弓，这里形容用力拿过酒杯斟酒，不容拒绝。说明诗人的热情、真诚和豪爽。____

2. 以下分析有误的是哪一项？____

A. “诗称国手徒为尔，命压人头不奈何。”这句是抱怨刘禹锡的怀才不遇，壮志难酬。虽然写诗才华横溢，但命运始终让人无可奈何。表现了诗人对当权者的不满与愤怒。

B. 本诗是写给友人刘禹锡的赠诗。刘二十八使君即刘禹锡。诗人对刘禹锡贬官二十三年的坎坷遭遇，表示了极度不平和无限感慨。刘禹锡有酬诗《酬乐天扬州初逢席上见赠》。

C. “亦知合被才名折，二十三年折太多！”既感叹刘禹锡的不幸命运，又称赞了刘禹锡的才气与名望。这两句诗，在同情之中又包含着赞美，显得十分委婉。

D. “亦知合被才名折，二十三年折太多！”诗人一方面赞扬了刘禹锡的才情，另一方面对刘禹锡的曲折遭遇表示了同情，也写出了诗人内心的豁达乐观。

《再游玄都观》

1. “百亩庭中半是苔，桃花净尽菜花开。”

这两句写了桃花落尽什么花盛开？写出了一片怎样的景象？____

A. 菜花、繁华　　B. 梨花、荒凉

C. 梨花、繁华　　D. 菜花、荒凉

2. 作者在这首诗中以桃花和种桃道士各象征____，表达了诗人____的情感。

A. 新贵和打击当时革新运动的当权者。

B. 富贵者和昏庸的统治者。

C. 看到百亩园中半是青苔，无人来游赏此地，呈现一片荒凉景色的惊讶。

D. 对于扼杀那次政治革新的政敌的轻蔑和嘲笑，显示了自己的不屈和乐观。

《阳关曲·中秋月》

1. 以下选项中对词语解释有误的是哪一项？____

A. 暮云收尽溢清寒。溢：满出来

B. 银汉无声转玉盘。银汉：银河

C. 银汉无声转玉盘。玉盘：月亮

D. 银汉无声转玉盘。转：旋转

2. 本首诗记述的是诗人____的事，抒发了____之情。

A. 苏轼与父亲苏洵久别重逢，共赏中秋月。

B. 苏轼与弟弟苏辙久别重逢，共赏中秋月。

C. 赏月的喜悦和聚后不久又得分手的哀伤与感慨。

D. 相聚后共同赏月的欣喜和对未来美好生活的向往。

第六单元　故乡印象

《在酒楼上》

1. 下列对吕纬甫形象判断错误的是哪一项？____

A. 在无路可走的境遇中销蚀了自己的灵魂。

B. 没有明确的生活方向。

C. 意气风发，深受“五四”新文化影响。

D. 麻木无聊。

2. 吕纬甫是为了哪两件“无聊的事”回来S城的？____

A. 怀念一石居 / 为死去的小弟弟掘墓迁坟

B. 为死去的小弟弟掘墓迁坟 / 给母亲当年的邻居顺姑送剪绒花

C. 给母亲当年邻居的女孩子顺姑送剪绒花 / 到S城的学校来教“子曰诗云”

D. 为死去的小弟弟掘墓迁坟 / 到这里的学校来教“子曰诗云”

《艾叶飘香》

1. 小说以“艾叶飘香”为题有什么作用？____

A. 题目设置了悬念，引人入胜，吸引读者阅读兴趣。

B. 一语双关，既交代小说的主要人物艾叶婆婆，又点明传统节日中艾叶的重要性。

C. 暗示了文章的主题，挂好艾叶，家家又有了生机，表现对团聚、热闹乡村生活的追求。

D. 创设故事情景，渲染氛围，表现作者对于热闹乡村生活的怀念。

2. 下列对文章内容分析不正确是哪一项？____

A. 艾叶婆婆不愿离开农村是因为过节要给每家每户门口挂艾叶。

B. 本篇小说反映了农村人口迁移严重，农村越来越零落的现状。

C. “艾叶一挂，村里就有过节的样子了。”体现了乡村人渴望村里热闹的幸福感。

D. “我们闻到艾叶香了”，这里的“艾叶香”表面是指艾叶的清香，实际上是指艾叶奶奶给每家挂上艾叶后，整个村落里又有了过节的热闹气氛。

《赶年集》

1. 下面对第五段描写自己小时候见到的一年最后一个年集的作用的分析，不正确的是哪一项？____

A. 通过对集市上人多、车多、商品多的描绘，烘托作者急切以及因人多、场面过于拥挤而烦躁的心理。

B. 交代了作者小时候赶集沿途所见、当时的社会背景及集市的概况，为下文写集市的热闹场面做铺垫。

C. 照应文章题目，突出年集的热闹，烘托过年的喜悦气氛。

D. 通过对年集热闹场景的描绘，烘托了作者赶年集时的喜悦心情。

2. 本文通过对“赶年集”的回忆，抒发了怎样的情感？____

A. 对年集的留恋、对童年生活的怀念之情。

B. 对父母、对家乡浓烈的思念之情。

C. 对年味越来越淡的春节的忧虑与批判。

D. 对再不能和父母一起赶年集、过春节的遗憾和失落。

《故乡滋味》

1. 题目 “滋味”的含义是什么？____

A. 质朴、温暖的感觉

B. 热烈、炽热的感觉

C. 落寞、孤独的感觉

D. 凄婉、寂寥的感觉

2. 理清“我”在故乡的心理变化脉络：温暖—酸楚 —____ —____。

A. 无奈　　B. 喜悦

C. 依恋、不舍　　D. 心满意足

第七单元　百态人生

《七个铜板》

1. 文章最后为什么要安排母亲接受一位叫花子的施舍？下面分析不恰当的是哪一项？____

A. 说明劳动者的生活穷得连乞丐都不如。

B. 表现穷苦人民的善良、互助。

C. 形成强烈的嘲讽批判效果。

D. 增强了小说的喜剧效果，吸引读者的阅读兴趣。

2. 对“穷人在想哭的时候也是常常笑的”一句的理解恰当的是哪一项？____

A. 穷人人穷志不穷，性格乐观。

B. 笑一笑，十年少，穷人们苦中作乐。

C. 对自己的命运，穷人们只能以笑来自嘲。

D. 穷人们常常用悲惨的笑声表达难言的苦衷。

《两角钱》

1. 下面对“我”需要“两角钱”的原因分析正确的是哪一项？____

A. “我”邮的信件多，带的钱不够。

B. “我”邮的信件多，带的零钱不够，女服务员又不愿意为“我”的一百元找零。

C. “我”邮的信件多，带的零钱不够，女服务员也没有零钱找我。

D. “我”只是想通过这件事看看举手之劳的事情有没有人去做。

2. 对男孩子帮助“我”的仅仅是“两角钱”，而“我”怎么也忘不了“他”的原因分析不恰当的是哪一项？____

A. 男孩子在“我”最需要帮助的时候帮助了“我”。

B. 男孩子乐于助人的纯洁心灵打动了“我”。

C. 男孩子的举动提醒“我”面对一些举手之劳的事情，一定要伸手帮助他人。

D. 他“瘦小得像个豆芽菜”，让我不禁心生怜悯，将来有机会一定资助他。

《一千张糖纸》

1. 请围绕“糖纸”这一线索补充完整相关情节：表姑让我们攒糖纸→____→____→抛洒糖纸发泄愤怒。____

A. “我”和世香在外婆家做种种游戏使外婆家不得安宁。

B. 收集、清洗糖纸。

C. 献上糖纸却没换到电动狗。

D. 世香因为糖纸和“我”绝交。

2. 为了积攒糖纸，“我”和世香都做了什么？下面说法不恰当的是哪一项？____

A. 追逐着一张随风飘舞的糖纸在胡同里跑半天。

B. 守候在表姑床前，以捡起表姑扔掉的每一张糖纸。

C. 零花钱都买了糖。

D. 守候在糖果柜台前耐心等待，以捡起飞落在地的糖纸。

《尘世小暖》

1. 让老人对“我”充满感激的原因，概括不正确的是哪一项？____

A. 送给她旧报纸。

B. 整理出女儿穿不着的衣服，送给她的小孙女。

C. 把她当成母亲偶尔给点儿零花钱。

D. 接受她的好意后，悄悄地还之以礼。

2. 对本文主旨理解最不恰当的是哪一项？____

A. 表达对老人的愧疚之情。

B. 歌颂人与人之间真诚付出的美好。

C. 提醒我们要关心弱势群体。

D. 赞美勤劳、善良、乐观、感恩的品质。

第八单元　成长之路

《传奇》

1. 对于小说前两段的环境描写分析有误的是哪一项？____

A. 交代故事发生的时间，提示了作品的时代背景。是地震使丫蛋一家的生活发生变故，生活处境艰难。

B. 揭示出人物的处境。将同学们的“兴高采烈”与丫蛋的“形单影只，孤零零”形成对比，突出了妈妈为养家糊口而奔波和丫蛋孤单寂寞的境遇。

C. 渲染气氛，烘托人物心情。描写寒冷的北风渲染一种凄凉冷清的氛围，烘托出丫蛋孤独无奈不愿回家、逃避劳动的悲凉心情。

D. 为下文写丫蛋孤单无聊时去看魔术、结识中年汉子作铺垫，推动小说情节的发展。

2. 对于小说以“传奇”为题分析有误的是哪一项？____

A. 中年汉子的魔术“解决”了丫蛋一个又一个的生活难题，给她变一条红围巾送给妈妈、给她“变出一个爸爸”，这是属于天真儿童的传奇。

B. 中年汉子和丫蛋妈妈因孩子的天真而相识。中年汉子和丫蛋妈妈之间互相关心，相互帮助，逐渐产生了感情。一条红围巾创造了爱情的传奇。

C. 丫蛋因为跟中年汉子接触比较多，也学会了表演魔术，给中年汉子变出了烤红薯，创造了变魔术的传奇。

D. 三个苦难的人因为爱心和善良走到一起，共渡生活的难关，创造了人与人之间相互关爱的传奇。

《小莫的海底》

1. 为什么小莫每次下水前都会朝“我”郑重地挥挥手？____

A. 这是他的象征性动作，以示他的潇洒。

B. 这是小莫对“我”的承诺，他一定会回来。

C. 每次他都想对“我”说：再见了，这次下去我再也不要上来了，我要跟爹娘在一起。

D. 他担心“我”一个人在岸上，这是在为“我”打气，给我信心。

2. 对于“小莫的海底”到底有什么，分析不正确的是哪一项？____

A. 有小莫采来用来换钱养活我们二人的淡菜。

B. 有水草、鱼儿、珊瑚，它们构成了一个美妙神秘的海底世界，令小莫留恋、难忘。

C. 有小莫苦涩的眼泪。

D. 有对爹娘的思念，有虽肩膀瘦弱却不得不承担的照顾弟弟的责任。

《雪地里的红棉袄》

1. “雪地里的红棉袄”象征了什么？____

A. 无私奉献精神

B. 美好幸福生活

C. 美好未来

D. 一团火焰

2. 对“嫂子是弓，我们是箭，弓因箭而弯”赏析有误的是哪一项？____

A. 比喻，形象说明嫂子凭着自己勤劳的双手和对亲人的慈母情怀，培育出了作家、博士，但她却为此奉献出了自己最美好的青春。

B. 比喻，盛赞了嫂子的养育之恩。

C. 比喻，形象写出了嫂子的无私奉献精神。

D. 夸张，突出嫂子的无私奉献精神。

整本书阅读

《唐诗三百首》

1.《唐诗三百首》是由清代____在____年间选编的。

A. 蘅塘退士　　B. 孙琴安

C. 康熙　　D. 乾隆

2. 联系《感遇（其一）》，从表现手法的角度分析作者所表达的情感，以下有误的是哪一项？____

A. 诗人采用了传统的比兴手法，托物寓意，抒发情感。

B. 诗人通过赞誉高雅清香的春兰秋桂不慕求虚荣，不阿谀权贵，芳香出于自然，以此自喻。

C. 诗人以兰桂自喻，从而抒发自己孤芳自赏、洁身自好、不求人知、恬淡从容的襟怀，表达坚持政治理想、不求富贵利达的高尚节操。

D. 诗人以兰桂自喻，表达了自己被贬之后归隐田园，寄情山水，借兰桂散发香气，并不是为了求得别人赏识。

《世说新语》

1.《世说新语》是什么时期谁组织文人编写的文言志人小说集？____

A. 南朝、刘义庆

B. 北朝、刘义庆

C. 南朝、刘勰

D. 北朝、刘勰

2. 关于文章内容和写法，以下说法错误的是哪一项？____

A. “魏武将见匈奴使”写了曹操因匈奴使节才智过人而心生杀念。

B. “嵇康身长七尺八寸”采用侧面烘托法，写出了嵇康立如孤松、醉如玉山，魏晋名士的风姿呼之欲出。

C.“潘岳妙有姿容”一文采用对比手法，将潘越与左太冲出行时的遭遇进行比较，突出了潘岳的“美姿仪”。

D. “魏武将见匈奴使”这个故事表现了曹操过人的气质和才能，也把他有谋略、有胆识、有气魄的个性特征深刻地表达出来。

附参考答案：

经典中漫步 2

第一单元／览物之情

《游岳阳楼记》 1.BD 2.B

《观潮》 1.DCAB 2.A

《记九溪十八涧》 1.D 2.B

《岳阳楼记》 1.DABC 2.A

《想起范仲淹》 1.B 2.D

第二单元／山亭景趣

《丰乐亭记》

1.D 2.C 解析：这篇文章的最大特点是借写景而抒情，情景交融。文章用了大量笔墨写滁州的山水景色，从中流淌出作者丰富的情感。而不是主要通过叙事，所以选C。

《冷泉亭记》 1.BACD 2.D

《醒心亭记》 1.A 2.C

《陶然亭》 1.ABDC 2.B

《三贬三境界》 1.A 2.C

第三单元／冬日雪韵

《龙山雪》 1.C 4.B

《王子猷雪夜访戴》 1.D 2.ABCD

《祁连雪》 1.AC 2.D

《盼雪》

1.D 2.C 解析：文章结尾“下雪吧”写了人类对雪的盼望，结尾简短有力，表达出作者对人类破坏环境的批判，没有严重到憎恨之情，结尾没有表达对大自然迅速改变循环规律的悲哀。所以选C。

第四单元／诗意悠长

《行路难（其二）》 1.C 2.D

《醉赠刘二十八使君》 1. 正确 2.D

《再游玄都观》 1.D 2.AD

《阳关曲·中秋月》 1.D 4.BC

第六单元／故乡印象

《在酒楼上》 1.C 2.B

《艾叶飘香》 1.ABCD 2.A

《赶年集》

1.A 2.A 解析：本文通过对儿童时期赶年集的回忆，表达了对年集、对童年生活的怀念。所以选A。

《故乡滋味》

1.A 2.AC 解析：此文作者情感是有些许变化的，当看到满头白发的母亲，他不禁低吟“哎，故乡。”一想到明天就要离开母亲，不禁流下热泪，可见作者的无奈及对故乡的依恋。所以选AC。

第七单元/百态人生

《七个铜板》 1.D 2.C

《两角钱》 1.B 2.D

《一千张糖纸》 1.BC 2.B

《尘世小暖》 1.C 2.A

第八单元/成长之路

《传奇》 1.C 2.C

《小莫的海底》

1.C 2.B 解析：小莫的海底没有浪漫的东西，有的只是用来生计的淡菜和小莫因思念爹娘而流下的眼泪。所以选B。

《雪地里的红棉袄》 1.A 2.D

整本书阅读

《唐诗三百首》 1.AD 2.D

《世说新语》 1.A 2.D

经典中漫步 3

第一单元　读行之思

《“友邦惊诧”论》

1. 对第一段中“放下书包来请愿，真是已经可怜之至”的理解，分析有误的是哪一项？____

   A. 这句话是作者针对国民党反动派“安心读书”的说法而发的。

   B. 这句话表明学生长期请愿，身心疲惫，连书包都背不动了。

   C. “可怜之至”一词表明了作者对学生的深切同情和关怀。

   D. 这句话是对国民党卖国投降行径的强烈谴责。

2. 下面对本文写作特色的分析，不正确的是哪一项？____

   A. 善于抓住敌论的要害，紧扣反动电文的中心层层驳斥。

   B. 在揭露批驳谬论时，运用强烈而鲜明的对比手法。

   C. 运用夸张、比喻、反语等多种修辞手法，强烈地显示出作者的感情色彩。

   D. 运用精炼、传神的语气，模拟“友邦”和国民党政府的口吻，入木三分地揭示了它们的无耻神态。

《论青年》

1. 本文认为学生做人，导师应该最先做哪一项准备工作？____

   A. 让学生自己磨炼

   B. 进行集体训练

   C. 进行个体训练

   D. 组织训练班

2. 下面对文章内容的理解不正确的是哪一项？____

   A. 青年自五四运动开始觉醒，发现了自我的价值。

   B. 中年人培养青年人常常是以自己的人生经验为标准，希望青年人成长为自己所期待的样子。

   C. 在作者看来，青年人到了临大事，决大疑，似乎又见得幼稚了，因此，青年人不值得信赖、不可靠。

   D. 文末点出，青年的主要学习地点是在学校里。

《我们为什么要阅读？》

1. 判断正误：本文的中心论点是我们要为健康而阅读。____

2. 下面对本文内容的理解不正确的是哪一项？________

   A. 文章标题运用反问的修辞方法，加强语气，引起读者思考。

   B. 第 3 段拿吃饭与读书进行类比，意在说明阅读与吃饭同等重要。

C. 第 4 段从阅读对读者写作水平的提升方面论述了阅读的重要意义。

D. 最后一段中“那一半的生命”指的是物质生命。

《学问之趣味》

1. 文中就“只要说如何如何便会尝得到学问的趣味”，依次谈了____

A. 有所为　　B. 持之以恒

C. 深入研究　　D. 与友切磋

2. 下列符合作者所说的趣味主义条件的是哪一项？____

A. 学生为了考上理想的大学，持之以恒地钻研各学科知识。

B. 诗人为了追求音韵美，反复修改自己的诗作。

C. 农民为了养家糊口，辛勤地耕种农田。

D. 音乐爱好者为了提高音乐修养，每天学习演奏不同的乐器。

《读书人是幸福人》

1. 文章第 4 自然段引用笛卡儿的话有什么样的作用？________

A. 强调读书使人向善

B. 强调读书使人向恶

C. 强调读书使人避恶

D. 总结全文

2. 文章的结尾说“读书人是幸福人”，下列哪一项不能体现这一观点？____

A. 读书使人增长知识。

B. 受到精神的感化与陶冶。

C. 读书可以使人获得崇高的追求和高尚的情趣。

D. 读书能给人带来物质上的利益。

第二单元　革故鼎新

《贵在独创》

1. 文章开头部分起了什么作用？________

A. 作为道理论据，证明中心论点。

B. 总领全文，引出论点。

C. 为下文写刘超集邮做铺垫。

D. 开门见山，照应题目。

2. 下列哪一项可以作为本文的事实论据？________

A. 爱迪生尝试了一千多种材料发明了电灯泡。

B. 罗兰·布歇尔巧妙地把电视接收器作为实验的对象，发明了交互电子游戏。

C. 曹雪芹是在批阅，增删数次，终于创作了《红楼梦》。

D. 独辟蹊径才能创造出伟大的业绩，在街道上挤来挤去不会有所作为。

——布莱克

《度一个创造的人生》

1. 本文的中心论点是什么？____

A. 我们应该度一个创造性的人生。

B. 创造性生活的重要性。

C. 创造是一个人精神生活的特征。

D. 如何度一个创造性的人生。

2. 下列对文章理解有误的是哪一项？____

A. 只要是自由的活动都是创造性的活动。

B. 创造性的活动有灵魂的真正参与。

C. 创造是精神层次的活动。

D. 只有创造才能获得心灵的快乐。

《换个角度看问题》

1. 下列不是习惯性思维的是哪一项？____

A. 在已知的旧路上徘徊。

B. 用过去的教条解释现在的问题。

C. 不承认与传统相抵触的新事物。

D. 一条道路跑到黑。

2. 下列哪句名言不能作为本文的道理论证？____

A. 仁者见仁智者见智。

B. 塞翁失马焉知非福。

C. 为了正确地认识真理，我们首先必须怀疑它并同它辩论。

D. 换个角度看问题，生命会展现出另一种美。生活中不是缺少美，而是缺少发现。

《“不似则失其所以为诗，似则失其所以为我”——创造与模仿（节选）》

1. 下列对本文内容的理解不正确的是哪一项？____

A. 创造中有欣赏，但是创造中又不仅仅只有欣赏。创造不能无模仿，但是只有模仿也不能算创造。

B. 各种艺术都有它特殊的筋肉技巧，这种筋肉活动不是天生自在的。比如，“我”可以写出一个“虎”字，却不能画出一个“虎”，是因为“我”练习过写字却没有练习过作画。

C.“不似则失其所以为诗，似则失其所以为我”阐述的是文本与体裁的关系。譬如一首诗完全没有了诗的体式特点，那它就不再是诗；反过来说，一个文本寸步不离地恪守着某种体式的规范，那就失去了作者自我要表现的东西。

D. 艺术家从模仿入手，这是创造的始基。只要进行了大量的模仿，就能实现艺术的创造。

2. 判断正误：读了这篇文章，我们如果要学习书法这门艺术，我们可以从模仿学习前人优秀的书法作品开始。____

第三单元　别出机杼

《弯路比捷径好走》

1. 文章运用了企业家李想和曾任美联储主席的格林斯潘的故事，下列分析不正确的是哪一项？____

A. 文章引用两位名人的故事非常生动形象地说明了弯路一定比捷径好走。

B. 为作者的观点的阐述提供了有力的论据。

C. 使作者的观点显得真实。

D. 增强了文章思想内容的深度。

2. 如何理解“看上去很弯的路，以百倍的勇气和过人的智慧走过去，却让人最快达到成功的顶点”？____

A. 面对捷径时不能像其他人一样蜂拥而至，要跟在别人的后面，踩着别人的脚步。

B. 要敢于选择大家都不喜欢、不习惯的路，要敢于付出百倍的努力。

C. 只有走弯路才能成功。

D. 看上去很弯的路，以百倍的勇气和过人的智慧走过去，就一定会成功。

《一个小故事改变历史》

1. 罗伯特·奥本海默为什么要讲拿破仑的故事？以下理解有误的是哪一项？____

A. 拿破仑是世界战争史上著名的罕见天才和悍将。

B. 借拿破仑的故事警醒罗斯福。

C. 拿破仑因为没有听工程师的话而战败。

D. 拿破仑的例子更生动形象地说明了原子弹对美国战争的重要性。

2. 下列对文章理解不正确的是哪一项？____

A. 我们不能刚愎自用，要善于听取别人的意见。

B. 罗斯福之所以不同意“曼哈顿计划”是因为此计划是不可靠、无法实现的。

C. 罗伯特·奥本海默用拿破仑的例子说服罗斯福是因为它比起枯燥的逻辑更容易让总统接受。

D. 如果拿破仑采纳了工程师的建议，历史就可能会改变。

第四单元　求学新解

《受教育跟处理生活》

1. 下列对于文章首段作用的分析不正确的是哪一项？____

A. 引出论题。

B. 吸引读者的阅读兴趣。

C. 为后文证明中心论点做铺垫。

D. 充当事实论据。

2. 从文章内容来看，以下哪一项的说法

是错误的？____

A. 教、学、做合一是试图将教育推进到最高境界。

B. 现行的教育跟生活的距离较远。

C. 把记诵教科书看做受教育的目的是无谓的，记诵教科书自然无用。

D. 我们只有将学校教育融会贯通到生活处理中才真是取得了知识，历练了能力。

《不管世界如何变化，教育的本质不会改变》

1. 下面对本文内容的理解不正确的是哪一项？____

A. 作者主要从“互联网和自我教育”“人工智能和人的全面发展”这两方面来阐述自己的观点。

B. 作者认为互联网对于教育而言很重要，但是个人的自我教育能力更重要。

C. 在疫情全球大流行的背景下，学校教育彻底停摆，互联网的重要性凸显出来。网课可以取代或是大部分取代实体教育。

D. “一切教育本质上都是自我教育”，社会上没有教师陪伴在身边，一个人的自主学习能力的重要性就凸显出来了。

2. “比如说，人工智能可以把相对论领域迄今为止的知识全部数字化，但是首先得由爱因斯坦发现相对论，人工智能发现不了。”这句话运用了什么论证方法？____

A. 对比论证　　B. 举例论证

C. 道理论证　　D. 比喻论证

第六单元　水浒侠义

《杨志卖刀》

1. 下列不是杨志性格特点的是哪一项？____

A. 性格暴躁　　B. 得寸进尺

C. 为人耿直　　D. 做事精细

2. 请选出对原文的概括和叙述不正确的一项。____

A. 牛二逼杨志两试宝刀后再逼杨志杀人试刀，并扬言要“打杀”杨志，对杨志步步紧逼。

B. 杨志为了谋取官职，以博得封妻荫子，想把祖传的宝刀卖掉筹钱

C. 从众人对牛二的惧怕这一角度来说，杨志杀死牛二也算是为民除害了。

D. 小说通过对身怀高强本领的杨志沦落到卖刀为生的地步的叙述，揭示了当时“官逼民反”的社会现实。

《鲁智深拳打镇关西》

1. 鲁达三拳打死镇关西，三拳的落点很有特点，依次是____。

A. 嘴巴　　　　　B. 鼻子

C. 眼眶际眉梢　　D. 太阳穴

2. “鲁达寻思到：‘俺只指望痛打这厮一顿，不想三拳真个打死了他。洒家须吃官司，又没人送饭，不如及早撒开。’拔步便走，回头指着郑屠尸道：‘你诈死，洒家和你慢慢理会！’一头骂，一头大踏步去了。”这段文字表现了鲁达怎样的性格？____

A. 疾恶如仇、不畏强暴、见义勇为

B. 慷慨大方、扶危救困

C. 率直鲁莽、不计后果

D. 粗中有细、有勇有谋

《谈 < 水浒 > 的人物和结构》

1. 作者在评论《水浒》人物时主要选取了林冲、杨志、鲁达三个人物。对于三个人物落草前的描述，不正确的是哪一项？____

A. 三者落草前都是军官，都有一身好武艺。

B. 林冲安分守己、逆来顺受。

C. 杨志一心做官，以博得封妻荫子。

D. 鲁达仗义救人，被逼落草。

2. 阅读下段文字，选出对这段文字理解最恰当的一项。____

为了高衙内想把林冲的老婆弄到手，于是林冲吃了冤枉官司，刺配沧州，而对这样的压迫陷害，林冲只是逆来顺受，所以在野猪林内，鲁达要杀那两个该死的解差，反被林冲劝止；到了沧州以后，林冲是安心做囚犯的了，直到高衙内又派人来害他性命，他这才杀人报仇，走上了落草的路。

A. 这段引述的文字简洁地介绍了林冲的遭遇，具体说明他的落草是被逼的。

B. 这段文字主要是揭露高衙内利用权势欺压人民的凶狠嘴脸。

C. 这段引述的文字既讲明了林冲几次遭遇的前因后果，也揭示了他逆来顺受的性格。

D. 这段文字主要在歌颂鲁达仗义救人、敢作敢为的勇敢精神。

《鲁智深的高贵》

1. 下面对鲁智深性格特点的概括不合理的是哪一项？____

A. 简单，率性可爱

B. 热诚，心地刚直

C. 孤独，重情义

D. 见义勇为，患得患失

2. 文章先直接指出____；其次，列举____；再次，剖析____；最后，从人的精神高度，揭示了____。

A. 鲁智深“不谋”的形象特征。

B. 鲁智深“不谋”的言行性情。

C. 鲁智深“不谋”的性格成因。

D. 鲁智深“高贵”的文学意义。

第七单元　儒林夜话

《周学道校士拔真才》

1. 判断正误：通读全文，可以看出，周学道对范进的作品非常欣赏，慧眼识珠，觉得头名非他莫属。____

2. 请选出与《儒林外史》原文不相符的一项。____

A. 严贡生是一个以巧取豪夺、横行乡里的奸诈、卑鄙小人的形象出现的。

B. 科举时代，选各府县学行俱优的学员进入太学者，称为贡生。

C. 严监生临死前竖起两根手指头，是因为还有没有说完的话要跟儿子们交代。

D. 范进中举前后，胡屠户对他的态度发生了巨大的变化，可见胡屠户的趋炎附势。

《严监生疾终正寝》

1. 请为下列人物选择对应的事件。____

严贡生　王惠　匡超人　牛浦郎

A. 恬不知耻自夸，误用“先儒”，酿成笑话。

B. 以掌舵人吃了自己昂贵的药（云片糕）为由，讹船家的船钱。

C. 慕他人之功名，冒名顶替，招摇撞骗。

D. 被任命为南昌知府、南赣道台，后投降宁王叛军。

2. 对于严监生的人物分析不正确的是哪一项？____

A. 逆来顺受，胆小怕事

B. 爱惜妻子，疼爱孩子

C. 迂腐保守，极度吝啬

D. 冷酷无情，丧心病狂

《<范进中举>的双重喜剧性（节选）》

1.《儒林外史》中儒林是指哪些人？____

A. 封建社会里读书人或士人这一群体。

B. 封建社会未通过科举制度考中的读书人的形象。

C. 官员的形象。

D. 科举制度高中的读书人的形象。

2. 以下关于胡屠户在范进中举前后变化的原因，说法正确的是哪一项？____

A. 胡屠户荒谬地迷信，他真心实意地认为范进是文曲星下凡。

B. 因为女婿中举，他内心开始自卑，尽管这种自卑是虚幻的。

C. 胡屠户有着根深蒂固的势利，女婿中举让他自发地向势利依附。

D. 范进中举让胡屠户倍感自豪，这种自豪感是建立在自卑感上面的。

《吴敬梓的小说<儒林外史>（节选）》

1.《儒林外史》作者吴敬梓，____代著名讽刺小说家，尤以《儒林外史》成就最高，《儒林外史》是一部杰出的现实主义长篇____小说。

A. 清　　B. 明

C. 讽刺　　D. 历史演义

2. 吴敬梓是以____和____这样八个字来作为他所反对的和肯定的人物的分界。

A. 功名富贵　　B. 文行出处

C. 科举制度　　D. 封建制度

第八单元　三国风云

《空城计》

1. 下列哪一项不能用来形容诸葛亮的性格特点？____

A. 临危不惧　　B. 沉着冷静

C. 年轻气盛　　D. 智勇双全

2. 司马懿退兵的理由是什么？____

A. 亮平生谨慎，不曾弄险。今大开城门，必有埋伏。

B. 此人料吾生平谨慎，必不弄险；见如此模样，疑有伏兵，所以退去。

C. 吾兵止有二千五百，若弃城而走，必不能远遁。得不为司马懿所擒乎？

D. 吾若为司马懿，必不便退也。

《刘玄德携民渡江》

1. 与跃马过檀溪这一故事情节有关的人物是谁？____

A. 诸葛亮　　B. 关羽

C. 刘备　　D. 庞统

2. 下列对对联“收二川，排八阵，七擒六出，五丈原前，点四十九盏明灯，一心只为酬三顾；取西蜀，定南蛮，东和北拒，中军帐里，变金木土革爻卦，水面偏能用火攻”评析准确的是哪一项？____

A. 巧妙地运用了数字和东西南北概括了诸葛亮的一生事迹。

B. 巧妙地运用了数字和东西南北概括了刘备的一生事迹。

C. 巧妙地运用了数字和东西南北概括了周瑜的一生事迹。

D. 巧妙地运用了数字和东西南北概括了夏侯墩的一生事迹。

第九单元　红楼梦呓

《埋香冢飞燕泣残红》

1. 下面哪一项不是《红楼梦》的别名？____

A.《石头记》　　B.《情僧录》

C.《风月宝鉴》　　D.《金陵》

2. 对“未若锦囊收艳骨，一抔净土掩风流”的解释不正确的是哪一项？____

A. 作者是《红楼梦》中的林黛玉。

B. 此诗的名字是《葬花词》。

C. 此诗意在喻人，悲叹自己的命运，控诉社会的黑暗，其思想性与艺术性均达到最高境界。

D. 出自海棠社社长林黛玉。

《“品味”刘姥姥（节选）》

1. 下列词用于形容刘姥姥的性格不恰当的是哪一项？____

A. 开朗朴实　　B. 世故直爽

C. 知恩图报　　D. 笨拙滑稽

2. 作者认为曹雪芹写刘姥姥的原因是揭示____的差距，对____的批判，对____的同情，对____的眷恋。

A. 贫富贵贱

B. 贵族骄奢淫逸生活

C. 劳动人民

D. 过往生活

整本书阅读

《聊斋志异》

1. 聊斋志异的内容大致分为哪几类？____

A. 才子佳人式的爱情故事

B. 人与人或非人之间的友情故事

C. 不满社会黑暗现实的反抗故事

D. 讽刺不良品行的道德训诫故事

2. 下列对《聊斋志异》的评价不正确的是哪一项？____

A. 写鬼写妖高人一等，刺贪刺虐入骨三分。

B. 鬼狐有性格，笑骂成文章。

C. 反映了17世纪中国的社会面貌和人间百态。

D. 幽芳凄三角，读之心醉。

《水浒传》

1. “万卷经书曾读过，平生机巧心灵，六韬三略究来精。胸中藏战将，腹内隐雄兵。谋略敢欺诸葛亮，陈平岂敌才能。略施小计鬼神惊。”这首诗赞美的好汉是谁？____

A. 林冲　　B. 王伦

C. 吴用　　D. 陈达

2.《水浒传》中有三大恶霸：一是开肉铺的镇关西，被鲁达当街所杀；一是开酒铺的蒋门神，被武松杀死在鸳鸯楼；一是开药铺的西门庆，被武松杀死在快活林。以上表述正确吗？____

附参考答案：

经典中漫步 3

第一单元／读行之思

《“友邦惊诧”论》 1.B 2.C

《论青年》 1.B 2.C

《我们为什么要阅读？》 1. 错误 2.D

《学问之趣味》 1.BCD 2.B

《读书人是幸福人》 1.A 2.D

第二单元／革故鼎新

《贵在独创》 1.C 2.B

《度一个创造的人生》 1.A 2.A

《换个角度看问题》 1.D 2.C

《“不似则失其所以为诗，似则失其所以为我”——创造与模仿（节选）》

1.D 2. 正确

第三单元／别出机杼

《弯路比捷径好走》 1.A 2.B

《一个小故事改变历史》 1.A 2.B

第四单元／求学新解

《受教育跟处理生活》 1.D 2.C

《不管世界如何变化，教育的本质不会改变》 1.C 2.B

第六单元／水浒侠义

《杨志卖刀》 1.B 2.B

《鲁智深拳打镇关西》 1.BCD 2.D

《谈 < 水浒 > 的人物和结构》

1.D 2.C

《鲁智深的高贵》 1.D 2.ABCD

第七单元／儒林夜话

《周学道校士拔真才》 1. 错误 2.C

《严监生疾终正寝》 1.BDAC 2.B

《< 范进中举 > 的双重喜剧性（节选）》

1.A 2.C

《吴敬梓的小说 < 儒林外史 >（节选）》

1.AC 2.AB

第八单元／三国风云

《空城计》 1.C 2.A

《刘玄德携民渡江》 1.C 2.A

第九单元／红楼梦呓

《埋香冢飞燕泣残红》 1.D 2.D

《“品味”刘姥姥（节选）》

1.D 2.ABCD

整本书阅读

《聊斋志异》 1.ABCD 2.D

《水浒传》 1.C 2. 错误

经典中漫步 4

第一单元　情系祖国

《我用残损的手掌》

1. 作者在诗中依次写了春天的哪些意象？____

A. 繁花　　B. 嫩柳

C. 荇藻　　D. 水

2. 下列对诗句内容理解有误的是哪一项？____

A. 作者写自己家乡春天的时候调动了视觉、听觉、触觉，使人如同身临其境，仿佛回到了家乡。

B.作者抚摸到了解放区那“辽远的一角”，情绪陡然一变，因为那里“温暖”“明朗”“蓬勃生春”，“恋人的柔发”“婴孩手中乳”是一向为人称道的两个比喻，使解放区倍感亲切。

C. 从词语的感情色彩上说，形容沦陷区的是消极的、冷色调的；形容解放区的是积极的、暖色调的。

D. 作者对解放区的抒情性描述中，选用了美好、富有生机的景象，强烈地表达了对解放区的真挚情感。

《门前》

1. 对“风在摇它的叶子”一句理解有误的是哪一项？____

A. 运用了描写的表达方式。

B. 运用了象征的表现手法。

C. 写出了风的特立独行。

D. 写出了风对草儿的情义。

2. 下列对诗歌内容的理解不正确的是哪一项？____

A. 结尾三节，诗人在时空大与小、长与短的辩证统一中，完成了美的大圆满。

B. 狭小的地域“门口”，短暂的时光“早晨”，并不象征着童年，并不象征着蓬勃的生机，而只是带着一种童年的幻想——在漫长的纷繁生活中，随时可以出现短暂的“美好”。

C.“有门,不用开开”“把六弦琴交给他”并非是对美好的至爱与依恋，而是对生活的叛逆。

D. 顾城在恬静的笔触中向我们展现了饱尝甜酸苦辣的童心未泯的成年人，对生命中偶尔呈现的短暂美好的极其珍惜。

《他起来了》

1. “他起来了”这句简短的话意蕴丰富，对其理解不正确的是哪一项？____

A. 指不服输，勇于战斗。

B. 表达出对反动派的服从。

C. 展示出抗日英雄的毫不畏惧。

D. 号召那些迷茫的人起来反抗。

2. 下列对诗歌内容理解不准确的是哪一项？____

A. 这是一首充满了激情和热血的诗，它为历史塑造了一个准备进行生死搏斗的民族巨人的形象。

B. 这首诗没有采用一个装饰性的文字，全诗朴实无华，所有的文字都是铁质的、血质的、不可动摇的。

C. 这首诗，没有悲伤和叹息，没有虚幻的词藻，没有抽象的观念。每一行每一节，都有如战斗的列兵，直挺挺地站立着。

D. 这首诗为昂奋的不到二十行的大诗。所以称它为大诗，是因为它篇幅巨大，真正地显示出了那个时代——抗日战争初期民族奋起战斗的决心和精神。

《心跳》

1. 这首诗写了一组对立的意象，分别是什么？____

A. 感谢的歌声与愤怒的诅咒

B. 漂白的四壁与黑暗的静夜

C. 和睦、温馨的小家庭与动荡不安的大世界

D. 尺方的和平与战场的喧嚣

2. 下列对诗歌内容理解不准确的是哪一项？____

A. 诗歌开篇烘托了一种恬静、悠然的心境。

B. 诗歌中“歌声马上又变成了诅咒”，表现出军阀混战、生灵涂炭、内外交困、民不聊生的现状。

C. 诗歌写出了诗人于20世纪20年代对中国社会的观察，表达了他的激愤之情，并发出了衷心的呼唤。

D. 诗中对立的景象唤起了诗人不同的感情，但他还是抵制住了大世界的诱惑，投入到小家庭的温馨中。

第二单元　革命精神

《口占一绝》

1. 下列诗句中运用典故的是哪一项？____

A. 壮别天涯未许愁

B. 尽将离恨付东流

C. 何当痛饮黄龙府

D. 高筑神州风雨楼

2. 下列对诗歌内容理解不准确的是哪一项？____

A. 这首诗，立意深邃，感情激越，气势雄浑。头两句写离情，“壮别天

涯未许愁”句中的“壮”字，写出了革命者的离别和英雄气概。

B.“尽将离恨付东流”中的“尽”字，将作者抛弃个人离愁别恨的革命豪情和为实现革命理想矢志奋斗的决心表现得淋漓尽致。

C.后两句写革命已经胜利。“高筑神州风雨楼”句中的“风雨楼”，是“理想之中华”的代称，此处用兴建“风雨楼”来喻指“理想之中华”的创建和纪念革命成功。

D.这首忧时伤民的诗章表现了李大钊同志的革命壮志豪情，并以此相互勉励，以增强为革命理想奋斗到底的坚强意志，坚定对革命胜利的信心。

《鲁迅诗二首》

1. 下列对《自题小像》赏析不恰当的是哪一项？____

A.第一句作者倾吐自己内心蓄积的爱国情感。

B.第二句叙述自己爱憎的原因。“风雨如磐”，运用夸张手法，写出国家和民族灾难的深重。

C.第三句总括前两句内容，并作了转折，表达了作者因“同胞未醒”而感到苦闷忧虑。

D.尾句是为国献身的誓言，表达了作者同帝国主义列强斗争的决心和为国捐躯的精神。全诗诚挚恳切，雄健激昂，结构严谨。

2. 下列对《自嘲》理解不准确的是哪一项？____

A.首联中“运交华盖”是说生逢豺狼当道的黑暗社会，交了倒霉的坏运。“欲何求”“未敢”都带有反语的意味，是极大的愤激之词，反衬出当时国民党统治者的残暴。

B.颔联中“闹市”喻指敌人猖獗跋扈、横行霸道的地方。“中流”指水深急处。这联用象征的手法，讲形势非常险恶。

C.颈联是全诗的核心和精髓，集中地体现出作者的无产阶级世界观。表达了作者对人民强烈的爱和对敌人强烈的憎，以及为人民大众鞠躬尽瘁的崇高品德。

D.尾联既表明作者消极避世、明哲保身的态度，又是对当时国民党统治者出卖民族利益的罪行的辛辣讽刺。一语双关的结尾，增强了本诗的主题。

《七绝二首（其一）》

1. 下列节奏划分不正确的是哪一项？

____

A.雄才 / 怒展 / 傲中华

B.天下 / 功名 / 未足夸

C.蔓草 / 他年 / 收拾净

D. 江山 / 栽遍自由 / 花

2. 请选出与诗歌主旨不相同的一项。____

A. 天下兴亡，匹夫有责。

B. 取义成仁今日事，人间遍种自由花。

C. 文章合为时而著，歌诗合为事而作。

D. 人不仅为自己而生，而且也为祖国活着。

《狱中诗》

1. 下列对词语的解释不正确的是哪一项？____

A. 浪迹：行踪漂泊不定。

B. 旧游、故人：原意都指老朋友，此处指革命同志。

C. 已摈忧患：指不把国家的忧患放在心上。

D. 楚囚：本指楚国被囚之人。这里指虽然被捕了，但还是要保持革命者的气节。

2. 下列对诗歌内容理解有误的是哪一项？____

A. 诗的第一句，回顾了自己的一生，为革命事业奔走于大江南北，往事历历在目，自己的一生无愧于革命，无愧于党。

B. 第二句，由自己的革命生涯联想到一起战斗过的战们，曾经有过许多朋友，有过许多同志，他们今在何方？也许已倒在敌人的屠刀下，也许正在继续革命事业，但生也罢，死也罢，他们的事业永恒，他们的生命永恒。

C. 第三句，写战友“已摈忧患寻常事”，这一句是坦诚胸怀的流露，一个凡人，总有些个人的琐事、个人的烦恼，但他现在准备效仿战友们把这一切都抛在脑后。

D. 末一句是全诗的中心，前面的一切都是为这句作铺垫，一生为革命奔波，眼看着许多战友为革命献出了宝贵的生命，现在要抛弃一切个人的得失，用满腔的豪情，做一名“楚囚”，永保革命气节，哪怕把敌人的牢底坐穿！

第三单元　生活哲思

《人与时》

1. 判断正误：本诗用拟人化手法把抽象的时间观念具象化，借以表达诗人自己的见解，鼓励人们执着现在，努力争取光明的将来，就是这一首诗的立意所在。____

2. 下列对诗句的赏析有误的是哪一项？____

A. 全诗分为两层。前三句为第一层，叙述了三种人对于“时”的不同看法。

B. 对那种仅仅只说了“什么？”的人，作者请他立足现在，正视现在，改进现在，以实际行动争取光明，实现美好的未来。

C. 后四句为第二层，是“时”对三种人的表态。

D. “你们都侮辱我的现在”，是对三种人的总驳，虽然只有一句话，却力抵千钧，一语中的。

《老马》

1. 下列说法不正确的是哪一项？____

A. “总得叫大车装个够”表现了老马心甘情愿背负沉重的压力。

B. “背上的压力往肉里扣”中的“扣”字写出了老马负荷过重、力不能支的痛苦。

C. “眼里飘来一道鞭影”一句中，“飘”字看似很轻，实际上是很重的欺压，有“扬起来狠狠抽下”的意思。

D. “它抬起头望望前面”，表明老马希望看到苦难的尽头。

2. 以下对这首诗的赏析，不正确的是哪一项？____

A. 老马象征着贫苦的农民，作者通过写老马，实际上写出了三十年代农民的悲惨命运。

B. 全诗充满了哀怨的气氛和凄楚的情调，饱含了作者对农民的同情，对统治者的愤恨。

C. 作者以悲愤的笔触，表达出对劳动人民“哀其不幸，怒其不争”的感情。

D. 诗人善于在现实生活中捕捉典型镜头，逼真地刻画出老马的形象，朴素中见坚实，平淡中见深远。

《闻一多短诗三首》

1. 下面对诗句的理解错误的是哪一项？____

A. 春天，大地复苏，草木萌生，生命开始了又一轮的生长。在晴空朗日之下，在青山绿水之间，听着百鸟啁啾，紧接着，出现了一个“美人”的意象。将春天与少女、美人互喻，这是中国古典诗歌的传统。

B. 稚松“扭着颈子”亮了相，一个“扭”字，一下子就勾画出了一个独立倔强的主体形象。稚松是刚正的，但又是生机鼎盛、郁郁青青的。

C. 黄昏中归家的牛，是田园常见的景象。直接把黄昏和迟笨的黑牛放在一起，一个是抽象的时间，一个是具体的事物，将日暮缓慢而神秘的气氛很好地烘托了出来。

D. “不许把城门关锁得太早，总要等黑牛走进了城圈。”城门象征着白天，黑牛走进了城圈，又进入黑夜的笼罩之中。漫漫长夜中，放松的状态则会慢慢被孤独的情绪所取代。所以诗人一再想挽留黄昏的步伐。

2. 下面对诗歌的赏析错误的是哪一项？____

A.《春寒》这首诗的基调是欣喜、乐观，与中国古典诗歌最普遍最典型的“春恨”诗颇不相同。

B. 在中国传统美学中，松象征着力量，象征着坚贞，而在闻一多的诗作里，“稚松”实际上正是诗人崇高的主体精神的凝聚，象征了诗人正直美好的人格。

C. 丰富的想象与激情也是闻一多诗歌的艺术特色之一，他的诗歌具有丰富的想象力，常由此生发出新颖的意象与生动的比喻，体现出独特的艺术个性，如《春寒》。

D.《稚松》一诗中夕阳如中国的“红纱灯笼”，“稚松”扭着颈子、望着你。松树的闪着生命光泽的绿枝在金色的夕照中，“他（稚松）散开了藏着金色圆眼的，海绿色的花翎”——色彩搭配炫目，是此诗的优点之一。

《艾青短诗二首》

1.《礁石》一诗中，运用了什么修辞手法，赋予礁石以“弦外之音”和“象征之意”？____

A. 比喻　　B. 象征

C. 拟人　　D. 托物言志

2. 判断正误：《刈草的孩子》不只是写这个孩子的不幸，而是在写社会、人民的不幸，确切地说，诗人是在写当时中华民族的一种生存状态：整个民族都处在水深火热之中，人们过着食不果腹的苦难生活，这苦难也直接压在了孩子们的身上——他们不能享有童年的无忧无虑，他们要过早为生计劳作。____

第四单元　意象之美

《鹰之歌（节选）》

1. 鹰说：“我看见过天空！”用《海燕》中的哪个词可以表达鹰的口气？____

A. 高傲　　B. 勇敢

C. 叫喊　　D. 敏感

2. 请选出下列对文意理解有误的一项？____

A. 文中的鹰象征着敢于追求光明和自由的革命志士之魂，虽然被埋没在反动势力的反扑之中，但终有一天会卷土重来。

B. 文中的蛇象征那些对于革命抱以观望心态和一知半解的务实保全主义的假革命或不革命者。纵然认识到革命可能带来的光明，却终日生活在自己的怯懦之中，也缺乏对革命必将胜利的长远见识，与鹰的果敢产生强烈的对比。

C. 文末写鹰在蓝天中搏击、不幸负伤，以一个“失败的英雄”悲怆结局，暗示了革命难有出路。

D. 文章通过对蛇生活的阴暗、腐臭的山谷环境的描写来反衬鹰对重返广阔自由的天空的渴望之情，展现了鹰渴望战斗的英雄形象。

《短文两篇》

1. 文中引用的神话传说有哪些？____

A. 飞蛾扑火　　B. 作茧自缚

C. 夸父逐日　　D. 姮娥奔月

2. 请选出下列对文意理解不正确的一项。____

A.《日》开头两段，作者把自己的感情形象化，先是赞美飞蛾，接着又怀念夸父。这是作者思想感情形象化的表白，他所歌颂的是追求光和热的执着态度，是为了得到光和热不怕粉身碎骨的献身精神。

B.《日》三、四两段，对追求光和热的献身精神正面展开叙述，指出了生命是可贵的，但为了追求光和热应该不怕牺牲，并且还指出追求光和热的目的是为了给人间争得光明与温暖。

C.《日》第五段，作者又进一步明确地表示自己的决心。自己愿做人间飞蛾，为了追求光和热，飞向日球，失去知觉，化为灰烬，在所不惜。

D.《日》一文作者歌颂了不顾一切追求光明的精神，表露出不可遏制的为真理而勇于献身的思想，表达了为国家、为人民发光、发热，直到烧成灰烬的决心和意志。

《叶笛》

1.《叶笛》的作者是____，福建人，他突出的文学成就在散文诗方面。作品多表现____风光和具有乡土特色的生活情景，以富有声、光、色彩和哲理意蕴的图画，抒发着作者对乡土的厚爱和对祖国的挚情。

A. 郭风　　B. 郭峰

C. 岭南　　D. 闽南

2.《叶笛》对祖国和对给予祖国新生的共产党的歌赞运用了什么手法？____

A. 拟人　　B. 排比

C. 象征　　D. 隐喻

第六单元　透视现实

《白光》

1. 小说《白光》以什么方式推进故事情节的发展？____

A. 时间的推移

B. 人物的内心独白

C. 地点的转换

D. 旁人的议论

2. 下列对小说相关内容和艺术特色的分析鉴赏，不正确的是哪一项？____

A.“像受潮的糖塔一般，霎时倒塌，只剩下一堆碎片”一句运用比喻，真切地体现了陈士成科举落榜希望落空后的心理状态。

B. 文中“这回又完了！”这个句子反复出现，表现出陈士成失望的心理逐渐增强，为下文他出现幻觉并发疯埋下伏笔。

C. 陈士成坚持科举考试十六次，但一直未考中，他认为考官有眼无珠，不懂他的文章，其实是他能力不够，达不到录取标准。

D. 小说在陈士成死之前对灯火进行了描写，此时残油烧尽，灯花炸裂，渐渐缩小以至消失，其实是暗示了他的命运。

《风波》

1. 对于辫子在小说中的作用分析，不正确的是哪一项？____

A. 从情节方面，“辫子”是贯穿全文的线索，用“辫子”推动风波的发展。

B. 从人物方面，“辫子”让不同的人站出来表演，各自展现个人的精神状态。

C. 从环境方面，“辫子”是清朝帝制时代的象征，暗示了小说的自然环境。

D. 从主题方面，“辫子”显露出国民精神的劣根性，深化小说的主题。

2. 对小说相关内容和艺术特色的分析鉴赏，不正确的是哪一项？____

A. 小说中人物纷纭，但这些人物都围绕着辫子风波而展开，作者运用白描、对话等手法，人物特点突出，个性鲜明。

B. 文中皇帝是否登基是风波产生和平息的唯一原因，人们对辫子的态度随之变化，风波虽小，却折射出时代的重大主题。

C. 小说的结尾，人们的生活又恢复平静，恢复原貌，说明辛亥革命对于偏远农村的人们的生活和思想观念并未产生重大的影响。

D. 小说呈现给读者的特点是线索分明，一以贯之，场景集中，情节完整，曲折有致，矛盾冲突具有戏剧性。

《洋相》

1. 天津人管下列哪种做法叫“出洋相”？____

A. 学洋人　　B. 用洋货

C. 装洋人　　D. 住洋房

2. 下列没有起到讽刺效果的是哪一项？____

A. 洋人鼻子又高又大前边带钩，俗称“鹰钩鼻子”；这人鼻子小，圆圆好赛小蒜头。

B. 就这么一连划了十多根，表演完了，嘛话没说，扬长而去。

C. 中等个，三十边儿上，穿卡腰洋褂子，里边小洋坎肩，领口有只黑绸子缝的蝴蝶，足蹬高筒小洋靴，头顶宽檐小洋帽，一副深色茶镜遮着脸，瞧不出是嘛人。

D. 一天，他牵来一只狗。这狗白底黑花，体大精瘦，两耳过肩，长舌垂地，双眼赛凶魔。它从街上一过，连街上的野狗不单吓得一声不出，一连几天不敢露头。

《揣摩》

1. 以《孔乙己》为例，哪个问题脱离作品主题，“揣摩”的意义不大？____

A. 鲁迅为什么要假托一个小伙计来说故事？

B. 这篇小说以“笑”贯穿，有何用意？

C. 鲁镇酒店的格局为什么与别处不同？

D. 掌柜看孔乙己的账，一次是中秋，一次是年关，一次是第二年的端午，为什么呢？

2. 叶老说“凡是精心结撰的文章都有足以揣摩领会之处”，在阅读中怎样进行揣摩呢？请选出不正确的一项。____

A. 自己提出些问题来自己解答。

B. 几个人同读一篇作品，各自提出问题增进理解。

C. 通读全篇，各个部分都要仔细揣摩，不能放过。

D. 提出来的必须是合情合理值得揣摩的问题。

第七单元　反转人生

《小官吏之死》

1. 下列对小说有关内容的分析和概括，不恰当的是哪一项？____

A. 小说的主人公切尔维亚科夫向布里扎洛夫将军前后进行了多达六次的“道歉”，而且一次比一次显得郑重、真诚而又卑怯、悲戚。

B. 小说运用了重复和渐进深入的描述技巧，形象生动地表现出一个喷嚏对主人公的影响，也使人物的心理变化逐步显现。

C. 小说不仅表现了作者对思想庸俗、生活猥琐的小市民的“哀其不幸，怒其不争”的痛恨，也表达了其对罪恶的等级制度的控诉。

D. 小说的格调幽默诙谐。切尔维亚科夫在观看歌剧时把喷嚏溅到了一位将军头上，然后就陷入了循环往复的道歉之中。

2. 对小官吏的死亡分析不恰当的是哪一项？____

A. 从情节上分析是一个喷嚏导致了小

官吏的死。

B. 从性格上分析是胆怯和懦弱导致了他的死亡。

C. 从精神上看是将军的飞扬跋扈、盛气凌人吓死了小官吏。

D. 从社会制度角度分析，森严的等级制度和不平等的社会关系是造成小官吏之死的根本原因。

《心与手》

1. 对小说有关内容的分析和概括，最恰当的是哪一项？____

A. 年轻女子在本故事中是一个起重要作用的人物，她与伊斯顿见面时伊斯顿只能用左手握住她的手指而形成的尴尬局面，是表现谁是真正的警长的关键情节。

B. 这篇小说讲述的故事，情节曲折离奇，读后给人带来一种悬疑得到解决的刺激，这也是这篇小说最大的魅力。

C. 欧・亨利的小说一般具有讽刺的味道，这篇小说实际上是在嘲笑这个罪犯装得像真警察一样，讽刺了装腔作势的人。

D. 欧・亨利的这篇小说技巧性很强，埋下伏笔，作好铺垫，勾勒矛盾，而情节的设置显得有些逊色，缺乏戏剧性。

2. 小说的题目是《心与手》，从情节和主题的角度探究以此为题的理由，请选出不正确的一项。____

A. 小说的情节是和两只铐在一起的手紧密相关的。

B. 一个女子在火车上遇到了老朋友，却发现老朋友的一只手和另外一个人的手用手铐铐在了一起，女子惊讶，朋友解释说自己是警长，对方是罪犯，缓解了这一尴尬局面。

C. 小说表面上写的是被铐在一起的手的故事，揭示的却是心灵深处的人性美。

D. 警长为了保护罪犯的面子和尊严，不给他造成心灵上的负担，编造了一个善意的谎言，这体现了警长善解人意，为别人着想、体谅他人之心。

《划痕》

1. 选出对文章标题“划痕”理解不准确的一项。____

A. 是贯穿全文的线索。

B. 表层含义是老林在楼上小伙子的车身上划的划痕。

C. 深层含义指：不文明行为给人们生活及心理造成的伤害。

D. 指人与人之间的隔阂。

2. 你是怎样理解文章内容的？请选出不合理的一项。____

A. “划痕”指不文明行为带给邻里的伤害。

B. 应防止工业发展对生态环境造成

破坏。

C. 老林巧妙地对这种不文明行为进行了教育，暗示了文章中心——人与人之间、人与自然之间应该和谐相处。

D. 老林对不文明行为表示直接反对。

第八单元　别样人物

《陈小手》

1. 小说开场交代了当地特有的风俗和请老娘的种种“讲究”，以下分析不正确的是哪一选项？____

A. 开篇点题，引出下文。

B. 为陈小手的出场做铺垫。

C. 展示社会环境。

D. 暗示陈小手的悲剧命运。

2. 小说以陈小手被枪杀结尾，以下分析不太恰当的是哪一项？____

A. 深化小说主题。团长枪杀陈小手，其根本原因就是封建、狭隘、愚昧的男权思想在作怪。

B. 情节结构上与前文呼应。开篇介绍社会习俗，陈小手作为一个异类，虽然技艺高超，救人性命，但是也难逃悲剧的命运，他的死是社会大环境决定的。

C. 留白艺术，言有尽而意无穷，带给读者深刻的思索。小说结尾戛然而止，读者对陈小手的死感到惋惜的同时，会去思索团长恩将仇报的各种原因。

D. 这样安排结尾突出了小说主题——男女之大防，即使医生和病人也不能逾越，一旦僭越，结局必然悲惨。

《吴召儿（节选）》

1. 对多次描写“红棉袄”的原因表述不正确的是哪一项？____

A. 烘托吴召儿美丽、热情、活泼、勇敢的人物形象。

B. 给色调单一的景致增添耀眼、靓丽的色彩。

C. 是行文线索，贯穿全文，推动小说情节的发展。

D. 助推故事情节的开展。

2. 下列分析不正确的是哪一项？____

A. 虽然当时物质生活条件极为艰苦，但吴召儿却穿得好，吃得好，还“上山唱歌”，由此可观照出当地人民丰富的内心、乐观的精神。

B. 写景上，逼真、明丽，情景相生，极富画面感；语言上，清新、质朴、优美、生动，抒情味浓。

C. 选材上，写战争，却选取一位美丽、活泼的年轻女性为主人公，给血与火的战争增添浪漫气息。

D. 主题上，以战争为主题却写得不那么血腥残酷，而是洋溢着诗意与温情。

第九单元　乡土风情

《边城（节选）》

1. 哪个句子巧妙地由对风景的叙述转入对人事的叙述？____

   A. 边城所在一年中最热闹的日子，是端午、中秋和过年。

   B. 船与船的竞赛，人与鸭子的竞赛，直到天晚方能完事。

   C. 凡帮助人远离患难，便是入火，人到八十岁，也还是成为这个人一种不可逃避的责任！

   D. 蓬蓬鼓声掠水越山到了渡船头那里时，最先注意到的是那只黄狗。

2. 下面不正确的是哪一项？____

   A.《边城》通过抒写青年男女之间的情爱、祖孙之间的亲爱、邻里之间的互爱，表现了原始而又古老纯朴的人性美。

   B.《边城》以 20 世纪 30 年代川湘交界的边城小镇茶峒为背景，描绘了湘西边地特有的风土人情；以撑渡老人的外孙女翠翠与船总儿子傩送的爱情为线索，展现了人性的善良和心灵的纯净。

   C.《边城》中的翠翠聪明、美丽、乖巧、纯朴、善良；天保不爱说话，聪明而多情；傩送豪放豁达，不拘常套小节。

   D.《边城》中的天保、傩送兄弟二人都爱上了翠翠。天保走车路（托人提亲），没有得到明确的答复，傩送走马路（通过唱歌表达爱意）胜过天保，天保退出竞争，离开茶峒，驾船下行，不幸遇难。傩送也终因内疚于哥哥的死亡，且得不到翠翠的理会而远走他乡。

《回不去的乡村》

1. 文章写了母亲的哪些“哀愁”？____

   A. 故土难离

   B. 被儿媳妇及孙女孤立

   C. 被物业和居委会的人声讨

   D. 思乡心切

2. 下列对文章结尾段理解不正确的是哪一项？____

   A.“残留的南瓜藤蔓”是母亲生活过的痕迹，也是母亲年老的象征。

   B.“微凉的晨曦”写出了我为自己没有尽好孝道的愧疚，对母亲不辞而别的焦虑和担忧。

   C. 母亲的不告而别让我很吃惊和愤怒。

   D.“像雾一样向我漫过来”运用比喻的修辞手法，将我愁苦难过的心情比作雾气弥漫，形象生动地写出了我的愁绪之深、愁思之广。

《田野》

1. 文章写了田野中的种种乐事，其中不

正确的是哪一项？____

A. 躺在草场上数星星

B. 抓泥鳅

C. 栽秧、打水、看牛

D. 抓萤火虫

2. 与文章结尾处“我们就像撒在春天里的种子，给一捧土壤、一缕阳光、一点水分，就活泼泼地成长开来”主题相契合的是哪一项？____

A. 十年磨一剑，霜刃未曾试。

B. 莫等闲，白了少年头，空悲切。

C. 归来饱饭黄昏后，不脱蓑衣卧月明。

D. 少小离家老大回，乡音无改鬓毛衰。

整本书阅读

《格列佛游记》

1. 下列不是格列佛在飞岛国的“拉格多大科学院”里见闻的是哪一项？____

A. 收集黄瓜中的阳光。

B. 把冰烧成粉末变作火药。

C. 如何用感觉和嗅觉区别颜色。

D. 拿绳索、钩子拴在敌舰上，一下子拖走五十艘最大的敌舰。

2. 对《格列佛游记》内容理解不恰当的是哪一项？____

A.《格列佛游记》作者是英国的斯威夫特。其时代背景是：英国社会存在各种矛盾，劳动人民处境更加恶化，统治阶级内部充满矛盾，辉格党与托利党互相攻击，争权夺利，英国和爱尔兰等殖民地的矛盾日益激化。

B.《格列佛游记》共四部，题目分别是：《慧骃国游记》，《布罗丁奈格游记》，《勒皮他、巴尔尼巴比、拉格奈格、格勒大锥、日本游记》，《利立浦特游记》。

C. 小说第二部里指名道姓地批评了法国。

D.《格列佛游记》的作者以丰富的想象、夸张的手段和寓言的笔法，对统治阶级的腐败、无能、无聊、毒辣、荒淫、贪婪、自大等做了痛快淋漓的鞭挞。

《契诃夫短篇小说选》

1. 对契诃夫小说《套中人》的内容概述不正确的是哪一项？____

A. 别里科夫是小城镇里一座教堂的牧师。

B. 他的与众不同之处在于他随时都把自己装在一个“套子”里面。

C. 他每天一副生怕世界大战的模样，“千万别出什么乱子”是他的口头禅。

D. 全城人去为他送葬，所有人都庆幸这是“一件赏心乐事”。

2. 对契诃夫小说的艺术特色概述不恰当的是哪一项？____

A. 从现实生活的大人物、大场面、大事件中揭示重大的社会问题。

B. 契诃夫是很注重细节描写的。

C. 谈论契诃夫的小说艺术，我们不该忽视他的幽默和讽刺。

D. 作者常常饱蘸浓郁的感情之墨，把大自然的美和现实的丑交织在一起进行比照，从而表达他分明的爱憎及美必然战胜丑的坚定信念。

附参考答案：

经典中漫步 4

第一单元/情系祖国

《我用残损的手掌》

1.ABCD　2.A　解析：没用运用听觉。

《门前》　1.C　2.C

《他起来了》　1.B　2.D

《心跳》　1.C　2.D

第二单元/革命精神

《口占一绝》　1.C　2.B

《鲁迅诗二首》　1.B　2.D

《七绝二首（其一）》　1.D　2.C

《狱中诗》　1.C　2.C

第三单元/生活哲思

《人与时》　1. 正确　2.B

《老马》　1.A　2.C

《闻一多短诗三首》

1.D　解析：城门象征着黑天。

2.C　解析：如《黄昏》。

《艾青短诗二首》　1.C　2. 正确

第四单元/意境之美

《鹰之歌（节选）》　1.A　2.C

《短文两篇》　1.CD　2.B

《叶笛》　1.AD　2.CD

第六单元/透视现实

《白光》　1.B　2.C

《风波》　1.C　2.B

《洋相》　1.AC　2.C

《揣摩》　1.C　2.C

第七单元/反转人生

《小官吏之死》　1.A　2.C

《心与手》　1.A　2.B

《划痕》　1.D　2.D

第八单元/别样人物

《陈小手》　1.A　2.D

《吴召儿（节选）》　1.C　2.A

第九单元/乡土风情

《边城（节选）》　1.B　2.C

《回不去的乡村》　1.BC　2.C

《田野》　1.A　2.C

整本书阅读

《格列佛游记》　1.D　2.C

《契诃夫短篇小说选》　1.A　2.A

经典中漫步 5

第一单元　生之大义

《<孟子>二章》

1. 孟子认为仁义礼智的道德修养是基于人天性中的四“心”，请对应排列____。

A. 是非之心　　B. 辞让之心

C. 羞恶之心　　D. 恻隐之心

2. 下列句子翻译，有误的是哪一项？____

A. 今人乍见孺子将入于井：现在人们突然看见一个正在读书的人要掉到井里了。

B. 人之有是四端也，犹其有四体也：人有这四种开端，就好像有了四肢一样。

C. 谓其君不能者，贼其君者也：说他的君主不行的，这是自绝于他的君主。

D. 若火之始然、泉之始达：就像火刚刚燃烧、泉水刚刚流淌一样。

《苏武传（节选）》

1. 关于苏武的形象特点有误的是哪一项？____

A. 是非分明　　B. 爱慕荣华

C. 忠诚守节　　D. 心怀感恩

2. 请把李陵劝说苏武的理由排序____。

A. 皇帝年纪大了，法令经常变来变去。

B. 大臣们被满门抄斩的几十家了。

C. 苏武自苦远地，朝廷及皇帝并不知情。

D. 苏武自己家人的安全也不能保证。

《痛哭和珍》

1. 文章第 7 自然段中“蠕动的东西”是指什么？____

A. 街上的小动物

B. 军警

C. 说风凉话的看客

D. 麻木的路人

2. 文章第 8 自然段“自这大屠杀闭幕后，我早已经丢失了，吓跑了”理解恰当的是哪一项？____

A. 我吓坏了，再也不敢出门。

B. 我很快地离开了这个充满危险的地方。

C. 我丢掉了灵魂，丢掉了对军阀当局的希望和期待。

D. 我丢失了自己的勇气和追求，从战场上退缩了，离开了。

《正义的边界》

1. 子服景伯的话体现了哪种观点？____

A. 以直报怨　　B. 以暴制怨

C. 以怨报怨　　D. 以怨报德

2. 关于履行道德，孔子有____的主张。

A. 不主张对坏人无原则的滥好

B. 也不主张对坏人无约束的报复

C. 主张对所有人都要有仁爱之心

D. 主张以公正来对待无良的人

《清贫园》

1. 文中第6段直接表现了“清贫”的含义，请选出理解不恰当的一项。____

A. 母亲要生活费、婶婶向方志敏要一点买盐的钱被拒绝，表现了方志敏忠于职守、甘于奉献的高尚品质。

B. 被捕时仅有的财产是一支钢笔和一块怀表，表现了方志敏甘守清贫、坚守信仰的崇高节操。

C. 狱中写下的《清贫》，表现了方志敏同志对坚守清贫生活的肯定与向往。

D.《清贫》表现出方志敏对光明与未来的无限期待。

2. 关于生之大义在本文中的体现，理解错误的是哪一项？____

A. 生之大义在于有信仰、有追求。

B. 生之大义在于有操守、有气节。

C. 生之大义在于慷慨赴死。

D. 生之大义在于廉洁奉献。

第二单元　勇者无畏

《公孙弘不辱使命》

1. 下列对句子的理解正确的是哪一项？____

A.“奚暇从以难之？”哪里有闲暇施行合纵来与他对抗呢？

B.“昭王闻之，而欲媿之以辞。”昭王听到这个消息，就想让他羞愧辞去。

C.“孟尝君好人，大王不好人。”孟尝君喜欢好人，大王不喜欢好人

D.“义不臣乎天子，不友乎诸侯。”坚持正义，不服从天子，也不结交诸侯。

2. 关于孟尝君合纵之策的结果及理由，推断恰当的是哪一项？____

A. 合纵之策施行了，因为公孙弘出使成功了。

B. 合纵之策没有施行，因为实力太悬殊。

C. 合纵之策没有施行，因为秦王具有帝国君王的胆识与胸怀。

D. 合纵之策施行了，但是会被秦王挫败。

《苏秦说齐》

1. 下列对于苏秦出使齐国的背景，分析不当的是哪一项？____

A. 燕文王新丧，燕易王新立。

B. 齐国攻打燕国，燕国连失城池。

C. 苏秦临危受命，挂六国相印，责无旁贷。

D. 燕国与秦国有姻亲关系。

2. 请为苏秦说服齐国放弃燕国城池的好处排序。____

A. 成就霸业　　B. 秦必德王

C. 号令天下皆从　D. 燕亦德王

《威武不能屈——梅兰芳先生逝世周年纪念》

1. 表现勇气与文章主题（威武不能屈）最贴切的是哪一项？____

A. 韩信忍受胯下之辱终成一代名将。

B. 邓稼先隐姓埋名数十年引领我国核事业的发展。

C. 苏武被匈奴人拘押扣留二十年不投降，终于完成使命归来。

D. 生活中遇到不公正、不合理的事，要针锋相对，不屈不挠斗争到底。

2. 下列表现勇气的诗句有哪些？____

A. 生当作人杰，死亦为鬼雄。

B. 黄沙百战穿金甲，不破楼兰终不还。

C. 醉里挑灯看剑，梦回吹角连营。

D. 一夫当关，万夫莫开。

第三单元　勤学励志

《送天台陈庭学序》

1. 下面朗读节奏划分不正确的是哪一项？____

A. 擢 / 四川都指挥司照磨

B. 于是其诗 / 益工

C. 庭学 / 无不历览

D. 盖 / 得于山水之助者侈矣

2. 下列对原文有关内容的分析和概括，不正确的是哪一项？____

A. 川蜀山水险峻奇特，非有官职、有财富、有才能、会写文章、年富力强的人不能到达，因而往往令人抱憾而止。

B. 陈庭学，能做诗，曾任中书左司掾、四川都指挥司照磨等官职。他乘船到成都，游山水名胜，每次游览都写诗记述。

C. 作者因学业未成、战乱等原因未能实现出游天下的愿望，面对陈庭学游览而归的收获，感叹自己因年老已难以做到了。

D. 作者认为山水名胜能使人的情、志、学等方面上一个台阶，此外，应该还有高于“山水之助”的东西，那就是孔学儒道。

《马援诫兄子严敦书》

1. 下面各句中“之”的意思和用法与“汝曹知吾恶之甚矣”相同的是哪一项？

____

A. 吾爱之重之

B. 大兄何见事之晚乎

C. 但微颔之

D. 夫君子之行

2. 下列对文章内容理解不正确的是哪一项？____

A. 马严、马敦是马援哥哥的两个儿子，他们都喜欢议论别人的事，爱与侠士结交。

B. 马援也很喜爱和看重季良，但他不希望侄子们学习季良，最主要的原因是季良不择友而交。

C. 马严、马敦既没有学习伯高，也没能效仿季良，最终被天下人轻视。

D. 从文章内容可以看出，马援本人也是一个谨言慎行，不好说人长短，非常注重自身品行修养的人。

《飞鸿踏雪读书去》

1. 关于题目的理解，正确的是哪一项？____

A. 作者享受读书时那种轻快愉悦的感觉。

B. 作者喜欢广泛地涉猎各种知识，像飞鸿翱翔长空一样。

C. 作者珍视人生的意义，希望通过学习留下美好的记忆，像飞鸿踏过雪地留下爪印一般。

D. 作者要像飞鸿留下爪印一般，在生命历程中做出很大的成就。

2. 作者引用了苏轼写给弟弟的文章，联系上下文，对这段文字的作用理解正确的是哪一项？____

A. 引用过来，增加文采。

B. 表达自己期待突破自己，实现远大抱负的愿望。

C. 作者在学习过程中几经动摇和怀疑，苏轼的这段文字让他坚定了学习的信心。

D. 作者看到周围的年轻人没有自己的学习压力，想自己时不我待，须抓紧努力。

《想起那年读书时》

1. “读书的每一个刹那，都仿佛是时光滋养的花枝，慢慢开出耀眼的花来”，对这一句理解正确的是哪一项？____

A. 这是一个比喻句，把读书比作开花。

B. 这是一个运用夸张的句子，表达出读书给人带来的改变之大。

C. 这是一个比喻句，形象地表达了读书让经历的时间变得美好、有意义。

D. 这是一个比喻句，表达了时间的变化会使人变得更加美好。

2.“关乎经脉，关乎底气”，结合你的体验，选出理解恰当的一项。____

A. 读书可以给人以力量。

B. 读书让人的精神世界丰富。

C. 读书是一件极为重要的事情。

D. 读书塑造人的精神品格，使人拥有自信和智慧。

《我的启蒙阅读》

1. 文章既写了家里母亲讲故事，也写了二爷爷讲故事，看似有重复之嫌，下列理解恰当的是哪一项？____

A. 不重复，讲故事的人不一样。

B. 不重复，暗示我的年龄在增长。

C. 不重复，表现我一直在继续听故事。

D. 不重复，表现我听故事的内容在逐渐地扩展，阅读视野越来越宽。

2. 文章第 7 段列举了许多俗语，以下理解不恰当的是哪一项？____

A. 对前文内容的一个总结，母亲的故事基本是讲各种约定俗成的道理。

B. 家庭中的故事听得足够多了，道理也懂得足够多了。

C. 体现家庭氛围对孩子成长的影响。

D. 深刻的道理包含在浅显易懂的故事中，体现“启蒙”。

第四单元　词海泛舟

《临江仙》

1. 关于词作内容，理解正确的是哪一项？____

A. 夜深人静，作者醉饮而归，敲门也不开。非常沮丧。

B. “倚杖听江声”以声写静，表达了作者进不去屋里的无奈。

C. “夜阑风静縠纹平”，看似写景，实则抒情，写作者此时此刻平静通透的心情，为下句直抒胸臆做铺垫。

D. “小舟从此逝，江海寄余生”一句抒发的感情与李白“仰天大笑出门去，我辈岂是蓬蒿人”抒发的感情是一样的。

2. 对词中反映的作者生活状态理解不恰当的是哪一项？____

A. 作者在此地颇有政绩，可以放心豪饮。

B. “东坡”的号就是在黄州所得。东坡，就是东面的山坡。

C. 作者生活简朴，居室简单，仆从很少。

D. 住所的位置临近江边，并不在繁华便利的地方。

《菩萨蛮·书江西造口壁》

1. 对于本首词的写作手法，理解不当的是哪一项？____

A. 作者选择的观景的地点是“郁孤台”，传递了一种孤独忧伤的情绪。

B. “清江水”“行人泪”运用了比喻的手法。

C. 词中“长安”代指国都，重重叠叠的山遮住了视野，望不到旧都，表现了作者忧伤绝望的心情。

D. “江晚正愁余，山深闻鹧鸪。”时间、地点、人物、心情都包含在简短的词句中。暮色中传来的凄婉的鹧鸪声更渲染了伤感悲凉的气氛。

2. 与本首词抒发情感所依托背景不相关的是哪一项？____

A. 壮士饥餐胡虏肉，笑谈渴饮匈奴血，待从头，收拾旧山河，朝天阙。

B. 不知何处吹芦管，一夜征人尽望乡。

C. 王师北定中原日，家祭无忘告乃翁。

D. 生当作人杰，死亦为鬼雄。至今思项羽，不肯过江东。

《蝶恋花》

1. 关于本首词内容及抒发的情感表述恰当的是哪一项？____

A. 表达了少年时的一次偶遇经历，因少女笑声触动心绪却无疾而终的轻愁。

B. 美好的季节邂逅美好的女子，心动而不得后怅然离开。

C. 一次短暂的单恋，一点轻微的心动，一些茫然的惆怅。

D. 一次美好的经历，表达爱而不得的潇洒。

2. 本首词的景物描写很有特点，选出理解不恰当的一项。____

A. 花褪残红青杏小，暗指春天过去，夏天到来，给整首词营造出一种喜悦、热烈的意境。

B. 燕子飞时，绿水人家绕。“人家”所处环境宁静优美，烘托即将出场的人物的美好。

C. 枝上柳绵吹又少，天涯何处无芳草。写出行人淡淡的遗憾和期待。

D. 秋千起落之间，少女的身影时时闪现却不得相见，很是无奈怅然。

《青玉案·元夕》

1. 与题目中的“元夕”无关的习俗是哪一项？____

A. 赏灯

B. 猜灯谜

C. 赛龙舟

D. 青年男女结伴游玩

2. 对本首词中描写的景物（或事物）理解正确的是哪一项？____

A. “东风夜放花千树”是指元宵节晚上许多树都装饰了花的造型。

B. “宝马雕车香满路”是指路上的人们都坐车赏灯。

C.“凤箫声动，玉壶光转，一夜鱼龙舞。”是描写元宵夜还有演奏乐器、饮酒娱乐的活动。

D. “蛾儿雪柳黄金缕”是指女子在元宵节特意佩带的头饰。

《御街行·秋日怀旧》

1. 对本首词的理解不恰当的是哪一项？____

A. 由“香砌”一词可知，本首词是写家庭生活的。

B. “真珠帘卷玉楼空”表现出主人公安于富足的生活。

C.“年年今夜，月华如练，长是人千里。”以“月”写思念之久。

D.“愁肠已断无由醉，酒未到，先成泪。”以“酒”写思念之深。

2. 下列不属于“闺怨”诗的是哪一项？____

A. 打起黄莺儿，莫教枝上啼。啼时惊妾梦，不得到辽西。

B. 忽见陌头杨柳色，悔教夫婿觅封侯。

C. 寥落古行宫，宫花寂寞红。白头宫女在，闲坐说玄宗。

D. 嫁得瞿塘贾，朝朝误妾期。早知潮有信，嫁与弄潮儿。

第六单元　书里书外

《读书小语（节选）》

1. 关于标题提供的信息理解不当的是哪一项？____

A. 本文写关于读书的内容。

B. 是关于读书的严谨论述。

C. 由“小语”一词可知，是简单地说一些自己的想法。

D. 内容逻辑上的关联不十分紧密。

2. 以下对读书的看法与文章一致的是哪一项？____

A. 开卷有益。

B. 开卷未必有益，重在个人读书后的体验。

C. 全部吸收大家的观点。

D. 只有读书才能提升自己。

《读书重在选择》

1. 选出对于本文的论点表述正确的选项。____

A. 读书很重要。

B. 读书重在选择。

C. 读书要选择适合自己的。

D. 有选择地接受书中的知识。

2. 关于“尽信书不如无书”这句话理解正确的是哪一项？____

A. 书中的观点不能全信。

B. 对书中的内容全盘接受就不如不看书。

C. 对书中的内容全盘接受照搬到生活中就把书读死了，不如没有书。

D. 读书多不如实践多。

《不要空喊读书》

1. 空喊读书的人有哪三种人？____

A. 没有养成习惯，坐不住，安不下心。

B. 怕变成读死书，所以不敢读。

C. 没有精力读书。

D. 太懒了，希望有秘诀。

2. 对待阅读，三种人是三种态度，概括正确的是哪一项？____

A. 浮光掠影、严谨认真、无比头疼

B. 一知半解、全盘接受、完全不懂

C. 蜻蜓点水、误解读书、完全不读

D. 一知半解、被动接受、强制阅读

《读书知味》

1. 文中“落日的黄昏，寂寥的大院，一丝惆怅的心绪，随晚雾与丁香轻轻飘散”这句描写的作用是什么？____

A. 交代故事发生的时间、地点。

B. 揭示故事发生的时代背景。

C. 渲染气氛，烘托人物心情。

D. 展示人物性格。

2. 作者在文中回忆《马戏团来到了镇上》的主要原因是什么？____

A. 是作者读过的第一篇外国小说。

B. 小说的故事结局让作者讶异。

C. 小说引起了作者莫名的惆怅。

D.《马戏团来到了镇上》的作者马尔兹可以说是本文作者文学入门的第一位老师。

《闲读书与读闲书》

1. 关于文章题目，理解最恰当的是哪一项？____

A.“闲读书”是指有时间就读书。

B. 闲读书是指有空的时候随便读书。

C. 读闲书是指读自己喜欢的书。

D. 是指闲暇时读一些自己喜欢的书。

2. 关于读书的理想境界，下列理解恰当的是哪一项？____

A. 读没用的书没有压力，是理想的读书境界。

B. 碎片的时间读书，才会让人珍惜，因此是理想的读书境界。

C. 利用闲暇时间读喜欢的书，获得内心的愉悦和满足，是理想的读书境界。

D. 不被强迫的读书，才是理想的读书境界。

第七单元　意境之美

《画里阴晴》

1. 结合题目，分析引用诗句“默看细雨湿桃花”的作用是什么？____

A. 下雨之后，眼前的景物更美了。

B. 呼应上文“宜兴春雨”，为了引出下文写作内容：画里阴晴。

C. 雨后，景物的色彩发生了变化。

D. 雨后，景物的光线、形态发生了变化。

2. 对结尾段最后一句的理解正确的是哪一项？____

A. 作者毕生探求油画的民族化和国画的现代化，不懈追求。

B. 作者一直拿不定主意，该学习哪一种绘画技法。

C. 油画和国画各有所长，作者都想掌握。

D. 作者希望借助油画和国画的激发提高自己的绘画水平。

《诗（文学）和画的分界》

1. 作者引用苏东坡论《蓝田烟雨图》的一段话的作用是什么？____

A. 该画作是典型的画中有诗，一幅画等于一首诗。

B. 引用的诗非常贴合画作内容，二者互相交融，可以互相替代。

C. 说明诗和画各有所长，还是有界限和区别的。

D. 画有无限的抽象的表达空间，是诗所不及的。

2. 关于诗和画的关系，表述与文章中不一致的是哪一项？____

A. 诗可以纯粹写景，像描绘画作，但有想象的空间。

B. 画可以用色彩、线条直观地描绘景物的形象。

C. 诗可以描摹一个过程，画只可以表现一个瞬间。

D. 诗和画各自受物质条件所限，各有所长，互不影响。

《中国古典诗歌的意境》

1. 关于古典诗歌的意境，理解正确的是哪一项？____

A. 意，指情感；境，指外在环境。

B. 意，指主观感受；境，指客观环境。

C. 意，指抒情；境，指描写。

D. 意境，指作者的主观情意与客观物境相互交融形成的艺术境界。

2. 以下对“意境”的理解正确的是哪一项？____

A. 诗歌创作不一定要营造意境。

B. 诗歌创作中的客观景物描写是真实环境的完整再现。

C.“意境”是中国古典美学的重要范畴。

D. 意境，也指在其他文学体裁中的景物描写。如说明文中的描写。

《话说中国画》

1. 通读全文，中国画的独特之处在于什么？____

A. 历史悠久。

B. 数量繁多。

C. 大师云集。

D. 体现中华民族的哲学观、宇宙观、艺术观、审美观。

2. 关于中国画的分类，表述不正确的是哪一项？____

A. 从题材上分为山水、人物、花鸟、器物等。

B. 按笔墨繁简分为工笔、写意、素描等。

C. 从设色上分为深绿、金碧、浅绛、水墨等。

D. 从技法上分为白描、双钩、单线平涂、泼墨等。

第八单元　含蓄之美

《论美》

1.选出关于美的表述与原文不符的一项。____

A. 美德是最重要的。

B.每个人都应该注重自己精神的修养。

C. 画家可以凭借完美的比例和线条创造出永恒的美。

D. 青春的美得不到赞美是因为缺乏内在的修为。

2. 以下简例可以证明本文论点的是哪几项？____

A. 某明星一味重视外貌美丽，忽略提高演技，最终被观众抛弃。

B. 某明星一味重视外貌美丽，私生活不严谨，最终被观众抛弃。

C. 某位感动中国年度人物敬业创新，为国家创造了可观的财富。

D. 武汉外卖小哥在疫情期间接送一线抗疫的医护人员，是最美的人。

《诗中有科学》

1. 文中列举辛弃疾的《鹧鸪天》“陌上柔桑破嫩芽”一句的用意什么？____

A. 诗句呈现了清新美好的江南春景。

B. 表达作者的喜悦之情。

C. 是从科学的角度读诗，获得农事的信息。

D. 描写江南春天独特的景色。

2. 对诗句中蕴含的知识分析不正确的是哪一项？____

A.“年年战骨埋荒外，空见蒲桃入汉家。”说明，至少在汉代，葡萄已经传入我国。

B.“会当凌绝顶，一览众山小。”诗人眼界开阔，所以眼前的山变小了。

C.“北风卷地白草折，胡天八月即飞雪。”西北地区天气极端，农历八月就下了雪。

D.“乡村四月闲人少，才了蚕桑又插田。”四月是养蚕插秧的季节，人们终日劳作。

《美与同情》

1. 文中引用安哥儿的童稚言语的目的是什么？____

A. 使文章有趣味。

B. 记录作者生活中的美。

C. 安安的语言体现了“同情”，使作者体察到独特的美。

D. 安安看到的内容和成年人不一样。

2. 同一事物，不同的人看来会发现不同的价值，在画家、建筑师、园丁、医生的眼里，一棵树的价值分别是什么？____

A. 美的造型、姿态。

B. 生长规律、习性。

C. 枝干叶皮的药用价值。

D. 不同功能的建筑材料。

第九单元　品文谈艺

《要认真阅读》

1. 文中作者写了文艺鉴赏的几种程度，表述不正确的是哪一项？____

A. 苏州地方的儿歌，表达了文艺鉴赏的初步是感知美好的形象。

B. 听民歌《月儿弯弯照九州》而感到凄凉，是文艺鉴赏的第二步，能感知内容与情感。

C. 文艺鉴赏的第三步即最高境界就是能说出文艺作品好不好。

D. 文艺鉴赏重要的是能够评价作品的优点或不足，能分析何以不足，何以高超。

2. “文艺鉴赏犹如采矿，你不动手，自然一无所得，只要你动手去采，随时会发现一些晶莹的宝石。”对这句话的理解正确的是哪一项？____

A. 文艺鉴赏是很不容易做的事情。

B. 文艺鉴赏需要很高的艺术修养。

C. 文艺鉴赏虽然不易，但是只要肯做，就一定会有收获。

D. 文艺鉴赏需要用心去学。

《鱼的艺术（节选）》

1. 从文中可以看出，鱼的形象有很多寓意，表述不正确的是哪一项？____

A. “鱼”“余”同音，表达人们对富裕的期待。

B. 鱼游在水里，表达人们对自由的期待。

C. 鱼跃龙门表达人们对改变生活境遇，追求幸运的期待。

D. 鱼的生命力旺盛，表达人们对健康繁衍的期待。

2. 按照时代先后，鱼形图案在生活中依次应用于什么？____

A. 鱼钥、鱼符、鱼袋。

B. 飞鱼服。

C. 各种日用器物上出现鱼形图案。

D. 龙纹大鱼缸。

《蔡元培论艺术（节选）》

1. 我国特有的建筑类型与各自特点对应不当的是哪一项？____

A. 别墅——清幽潇洒

B. 城——平构

C. 华表——冠以柱头，承以文础

D. 宫殿——尊严富丽

2. 对作者认为图画所反映的内容来源表达完整的是哪一项？____

A. 视觉感知

B. 触觉感知

C. 肤觉感知

D. 视觉感知的平面，肤觉感知的立体

整本书阅读

《儒林外史》

1. 对于故事情节表现的人物特点理解正确的是哪一项？____

A. 范进中举而发疯，在街市上丑态百出，作者要表达的是周围的人对他的耻笑和羞辱。

B. 胡屠户一巴掌治好了范进的疯癫失常，可以看出他在范进心中很有权威，也看出未中举的范进在日常生活中的窘迫难堪。

C. 张静斋是有原则、积极维护法度的乡绅代表。

D. 严贡生在哥哥严监生病故后，尽力周济照顾寡嫂，千方百计维护嫂嫂在家族中的地位和利益。

2. 关于《儒林外史》理解正确的是哪一项？____

A. 小说有贯穿全书的中心人物和主要情节，众多故事围绕一个核心人物展开。

B. 小说中，作者主要揭露科举制度的腐朽，也肯定了科举制度在选拔人才方面的作用。

C.《儒林外史》有多重阅读价值，全书运用讽刺笔法入木三分，通过夸张变形的描写揭示现实矛盾。

D.《儒林外史》中塑造儒生形象，叙述故事，是希望读者通过感知这些人的经历，时刻警醒、激励自己。

附参考答案：

经典中漫步 5

第一单元／生之大义

《< 孟子 > 二章》 1.DCBA 2.A

《苏武传（节选）》 1.B 2.CABD

《痛哭和珍》 1.C 2.D

《正义的边界》 1.B 2.ABD

《清贫园》 1.C 2.C

第二单元／勇者无畏

《公孙弘不辱使命》 1.A 2.C

《苏秦说齐》 1.C 2.BDCA

《威武不能屈——梅兰芳先生逝世周年纪念》 1.C 2.ABD

第三单元／勤学励志

《送天台陈庭学序》 1.B 2.A

《马援诫兄子严敦书》 1.A 2.C

《飞鸿踏雪读书去》 1.C 2.C

《想起那年读书时》 1.C 2.D

《我的启蒙阅读》 1.D 2.B

第四单元／词海泛舟

《临江仙》 1.C 2.A

《菩萨蛮·书江西造口壁》 1.B 2.B

《蝶恋花》 1.C 2.A

《青玉案·元夕》 1.C 2.D

《御街行·秋日怀旧》 1.B 2.C

第六单元／书里书外

《读书小语（节选）》 1.B 2.B

《读书重在选择》 1.B 2.C

《不要空喊读书》 1.ABD 2.C

《读书知味》 1.C 2.D

《闲读书与读闲书》 1.D 2.C

第七单元／意境之美

《画里阴晴》 1.B 2.A

《诗（文学）和画的分界》 1.C 2.D

《中国古典诗歌的意境》 1.D 2.C

《话说中国画》 1.D 2.B

第八单元／含蓄之美

《论美》 1.C 2.BD

《诗中有科学》 1.C 2.B

《美与同情》 1.C 2.ADBC

第九单元／品文谈艺

《要认真阅读》 1.C 2.C

《鱼的艺术（节选）》 1.D 2.CABD

《蔡元培论艺术（节选）》 1.B 2.D

整本书阅读

《儒林外史》 1.B 2.C

经典中漫步 6

第一单元　揣摩领悟

《威尼斯商人（节选）》

1. 戏剧要有激烈的矛盾冲突，本戏剧的矛盾冲突是什么？____

　A. 安东尼奥无力按时偿还夏洛克的借款，被夏洛克告到法庭，要按约割肉。

　B. 安东尼奥为了惩治夏洛克特意不还钱，要通过法律按约割肉。

　C. 巴萨尼奥为了帮助好友安东尼奥，欲三倍赔偿夏洛克。

　D. 鲍西娅在劝说无果的情况下，为了法律的公正，同意夏洛克按约割肉。

2. 对这个剧本的主题思想归纳得准确完整的是哪一项？____

　A. 揭露高利贷者的残暴贪婪。

　B. 揭示夏洛克嗜钱如命的丑恶灵魂，概括了资产者唯利是图的本质。

　C. 歌颂商业资本家安东尼奥的人道主义精神。

　D. 寄托了莎士比亚人文主义思想，鞭挞了资产阶级拜金主义的残暴和贪婪。

《龙须沟（节选）》

1. 本文围绕程疯子写了哪些冲突？下面说法不恰当的是哪一项？____

　A. 大家支持程疯子到民教馆而他没信心去的冲突。

　B. 娘子要和程疯子一起去斗争黑旋风而程疯子不敢去最终又决定去的冲突。

　C. 四嫂鼓动程疯子打狗子而他不打的冲突。

　D. 程疯子自身不自信与自信的性格冲突。

2. 下列对剧本艺术特色的分析鉴赏，不正确的是哪一项？____

　A. 戏剧构思巧妙，借未出场的恶霸黑旋风串联多个场景，推动剧情发展，写出了新中国成立后人民政府打黑除恶带来的新变化，从而突出戏剧主题。

　B. 剧中独白能多维度展现人物性格，程疯子独自徘徊时的一段话，写出了他对时代新变化的喜悦，更表现了他害怕恶霸、不敢当面斗争的懦弱性格。

　C. 戏剧善用语言刻画人物，狗子上场时，疯子说“谁？啊，是你！”四嫂说“谁？噢！是你！”，一字之差，一标点之别，尽显人物不同的内心情感。

　D. 剧中的台词极具个性与地方特色，如“抖搂”“碎在这儿”“加盐儿”“玩完了”等，在展现人物性格的同时，也让读者感受到了浓郁的北京味。

《蔡文姬（节选）》

1. 文中胡儿说：“妈，你在哭吗？你为什么要哭呢？”蔡文姬为什么哭？下面分析不恰当的是哪一项？____

A. 终于有机会回到汉朝，她非常激动和高兴。

B. 汉使带来了很多的黄金玉器、锦缎绫罗，她很激动。

C. 她想回到汉朝又舍不得与儿女分离的难过与伤心。

D. 归与留、取与舍、家与国的矛盾让她的内心挣扎、徘徊。

2. 蔡文姬为什么要回到汉朝？下面说法不恰当的是哪一项？____

A. 思念自己的故土。

B. 回去祭奠自己的爹娘。

C. 整理父亲的著作，完成父亲的遗愿。

D. 面见曹丞相，以促进匈奴和汉朝成为一家。

第三单元　战争策略

《子鱼论战》

1.“公伤股”中“股”的意思是____；“阻而鼓之”中“鼓”的意思是____。

A. 屁股，臀部　　B. 大腿

C. 击鼓进军　　D. 鼓动

2. 对长勺之战和泓水之战结局不同的原因分析不恰当的是哪一项？____

A. 长勺之战鲁庄公取信于民且善于听取曹刿的建议，战争中善于抓住战机。

B. 泓水之战宋襄公不能听取子鱼的意见，固执己见，不能抓住战机。

C. 曹刿具有卓越的军事才能，而且善于劝谏；子鱼虽军事才能突出，但不善劝。

D. 宋襄公认识问题肤浅，固执，愚蠢；鲁庄公虽目光短浅、急躁冒进，但能接受曹刿的建议。

《烛之武退秦师》

1.“邻之厚，君之薄也”中“之”的用法属于下列哪一项？____

A. 代词作宾语

B. 结构助词用于主谓之间

C. 结构助词用于定中之间

D. 宾语前置标志

2. 下列对原文有关内容的分析和概括，不正确的是哪一项？____

A. 秦、晋兵临城下，郑国危在旦夕，在这种情势下，烛之武不顾个人安危“夜缒而出”，求见秦伯，表现了他深明大义、以国事为重的爱国精神。

B. 烛之武具有高超的论辩艺术，他在秦伯面前不卑不亢，侃侃而谈，既不刺激对方，又不失本国尊严，抓住了秦伯的心理，层层深入，逐步渗透，最终使秦伯心悦诚服。

C. 秦、晋曾是友好邻邦，秦对晋有割让焦、瑕二邑的恩惠；晋对秦却严加防范。烛之武对这种微妙的关系了如指掌，并巧妙地加以利用，这是他得以智退秦师的关键。

D. 烛之武的劝说，使秦伯撤走了围郑的军队，还派部队帮助郑国防守，秦晋联盟顷刻瓦解，晋国不得已而退兵。烛之武既退秦师，又退晋师，可谓一石二鸟。

《公输》

1. 下面关于人物形象的分析不恰当的是哪一项？____

A. 墨子：机智多谋，无所畏惧，镇定自若。

B. 公输盘：顽固，阴险，狡诈。

C. 楚王：虚荣，愚蠢，狡猾。

D. 楚王：虽虚荣，狡猾，但能接受别人建议，有一定良知。

2. 下列对文章内容的理解和写法的分析，不正确的是哪一项？____

A. 墨子热心救世，反对战争。在得知楚将攻宋的消息后，为阻止战争爆发，昼夜兼程，不辞辛劳，赶到楚国进行劝说。

B. 墨子辩术高明。他先言其他，诱使公输盘落入圈套，然后一针见血，从几个方面批驳了公输盘的行为，让公输盘理屈词穷，无话可说。

C. 公输盘在墨子的劝说下，明白了攻宋将使自己陷入不义的境地，于是，主动带墨子去劝说楚王。

D. 文章以对话为主，语气时缓时急，语言长短交错，富有表现力，从中可以感受到人物鲜明的性格特征。

《晋文公攻原得卫》

1. 晋文公“攻原得卫”的根本原因是什么？____

A. 恪守诚信

B. 抓住有利战机

C. 知己知彼，掌握了原人心理

D. 晋强原弱，原食竭力尽

2. 如何看待晋文公“罢兵而去”的行为，下面说法不恰当的是哪一项？____

A. 赞成晋文公的行为，晋文公的可贵之处在于讲信用（恪守诚信）。因为讲信用才能不战而胜，“攻原”得卫。

B. 赞成晋文公的行为，因为晋文公是一位非常有实力且自信的君主，他坚信自己定会攻下原国，并不急于一时，因而“罢兵而去”。

C. 反对晋文公的行为，晋文公错在墨

守成规。因为“原三日即下矣”如果他一鼓作气，就能攻下原国。

D. 我们要辩证地看待晋文公的行为，晋文公这样做有利有弊。利在讲信用，“攻原”得卫；弊在墨守成规，错失时机，功亏一篑。

《官渡之战》

1. 袁绍的谋士沮授在袁军出兵行至阳武时对双方形势做了分析，并给出了怎样的建议？____

A. 利用袁军人数众多的优势，一举拿下曹军。

B. 利用袁军精湛勇猛的优势，一举拿下曹军。

C. 袁军虽众，而勇猛不及曹军，利于急战。

D. 袁众曹精，袁有粮，曹无粮，宜于缓守。

2. 下面关于曹操与袁绍性格特点的分析，不恰当的是哪一项？____

A. 曹操善于采纳别人的意见和建议，目光远大且谦卑。

B. 曹操善于用兵，善于鼓舞士兵士气。

C. 袁绍用人不疑，对自己的大臣深信不疑，但却优柔寡断。

D. 袁绍骄傲自满，鼠目寸光，没有战略家的眼光，只图蝇头小利。

第四单元　诤言讽谏

《成侯邹忌为齐相》

1. 对“邹忌以为然，乃说王而使田忌伐魏”翻译最正确的是哪一项？____

A. 邹忌认为(公孙闬的计策)有道理，就劝说齐王派田忌去攻打魏国。

B. 邹忌认为是这样，就取悦齐王让他派田忌去攻打魏国。

C. 邹忌认为(公孙闬的计策)有道理，就派田忌出使魏国。

D. 邹忌认为如此，就派田忌去攻打魏国来让齐王高兴。

2. 下面对于人物的分析，不恰当的是哪一项？____

A. 田忌是一名武将，善于用兵。

B. 邹忌心胸狭隘，嫉妒心强，不能以大局为重。

C. 公孙闬奸诈、阴险。

D. 齐王是一位修明政治、善于采纳意见与建议的贤明君主。

《齐客谏靖郭君》

1. 下面对本文主要内容的概括最恰当的是哪一项？____

A. 记述了一位齐国门客劝说靖郭君放弃在封地薛修筑城防工事的故事。

B. 记述了齐国门客为靖郭君讲述“海大鱼”故事的过程。

C. 记述了一位齐国门客劝说靖郭君放弃攻打薛邑的故事。

D. 记述了靖郭君与一位齐人博弈，最后靖郭君取得胜利的故事。

2. 文中所写的这个“齐人”的劝谏之术有何高明之处，以下分析不恰当的是哪一项？____

A. 先是故弄玄虚，激发靖郭君的好奇心，为自己创造一个说话的机会。

B. 说出“海大鱼”三字，造成悬念，使靖郭君对客所讲内容产生了兴趣，打破了进谏的限制。

C. 用蝼蚁对待大鱼的态度说明大鱼缺水的命运，借以暗讽靖郭君的浅薄无知，让靖郭君有所感悟。

D. 以海和大鱼为喻，生动而透彻地说明了靖郭君与齐国的“鱼水关系”，让靖郭君幡然悔悟，放弃了“城薛”之举。

《齐宣王见颜斶（节选）》

1. 下列对括号里的词语解释错误的是哪一项？____

A. 王（忿）然作色。忿：愤怒。

B. 有敢（去）柳下季垄五十步而樵采者。去：离开。

C. 且颜先生与寡人（游），食必太牢。游：交往。

D. 清静贞正以自（虞）。虞：同“娱”，欢乐。

2. 下列对原文有关内容的分析和概括，不正确的是哪一项？____

A. 齐宣王召见颜斶，颜斶却让齐宣王到他跟前，让齐宣王很不高兴。

B. 运用事实论证和对比论证，颜斶证明了“士贵耳，王者不贵”的话。

C. 齐宣王要颜斶拜他为师，并许诺“食太牢”“出乘车”“妻子衣服丽都”，但颜斶还是告辞离开了。

D. 本文通过颜斶与齐宣王的对话，表现了齐宣王的骄倨和颜斶卑视王侯、不畏权势、不慕利禄的高尚气节。

《谈<战国策>》

1. 下面对文中引用孟子“争地以战，杀人盈野；争城以战，杀人盈城”这句话的用意分析不恰当的是哪一项？____

A. 说明战国时代战乱频繁。

B. 表明孟子的主张：反对战争，主张仁政。

C. 说明当时的战争死伤严重。

D. 揭示当时战争的残酷现实。

2. 文章从哪几方面谈《战国策》，下列说法不恰当的是哪一项？____

A. 战国时代的由来。

B. 战国时代的特殊人群——说客。

C.《战国策》的来历及其特点、内容。

D. 孟子对战国时代的评价及主张。

第五单元　鸿鹄大志

《帝置酒洛阳南宫》

1. 从文中可以看出刘邦是一个怎样的人？下列说法不准确的是哪一项？___

   A. 刘邦是一个敢于承认自己不足的人。

   B. 是一个敢于面对自己、深刻剖析自己的人。

   C. 是一个重视人才，能够做到人尽其用、人尽其能的人。

   D. 是一个对敌军的形势和内部人员安排极其清楚的人。

2. 刘邦得天下的主要原因是____；项羽失天下的主要原因是____。

   A. 虽轻慢且对人不尊重，但能用人不疑，能够与天下人同享利益。

   B. 能够重用人才、人尽其才，同时能够与天下人同享利益。

   C. 仁爱且敬重人，但不能与天下人共享利益。

   D. 嫉妒人才、怀疑人才而不能重用人才。

《陈胜王凡六月》

1. 下列词语解释有误的是哪一项？____

   A. 陈胜王凡六月　王：称王

   B. 或说陈王曰　或：有人

   C. 其故人尝与佣耕者闻之　尝：尝试

   D. 之陈　之：去，往

2. 下面对“诸陈王故人皆自引去，由是无亲陈王者”的理解最准确的是哪一项？____

   A. 众多陈胜的老朋友、旧相识都各自离开，从此再也没有亲近陈胜的人了。

   B. 诸位姓陈的老朋友都一起离开，从此再也没有亲近陈胜的人了。

   C. 众多老朋友、旧相识被引领着离开，从此陈胜再无亲人了。

   D. 陈胜的老朋友被引领离开，从此再没有亲人靠近陈胜了。

《司马祠》

1. 下列对文章的理解，正确的是哪一项？____

   A. 汉武帝之所以与司马迁结缘，是因为在太史公的故乡挖到了投其所好的灵芝草。

   B. 作者在文章中叙写韩城的人文历史和地理风貌，凸显的是史圣家乡的人杰地灵。

   C. 在作者看来，受了宫刑的司马迁死后不能埋入祖茔，这构成了史圣最大的悲哀。

   D. 类似于褚遂良的梦，本文的行文也呈现出一种虚虚实实、扑朔迷离的写作风格。

2. 文章最后一段四个“读”字的运用，

有什么丰富而深刻的含义？下列分析不符合文意的是哪一项？____

A. 强调游览司马祠要仔细认真，每一处都值得游览。

B. 强调游览司马祠要怀着景仰的态度。

C. 把司马祠当成历史的大书，强调它特别值得解读。

D. 引发读者对司马迁的人格与精神进行深入思考。

第六单元　赤胆忠心

《后出师表（节选）》

1. 下列句子中加粗词语的意义和用法相同的是哪一项？____

   A. 顾王业不可偏安**于**蜀都 / 兴复汉室，还**于**旧都

   B. 以奉先帝**之**遗意 / 辍耕**之**垄上

   C. **而**议者谓为非计 / 水落**而**石出者。

   D. 故托臣**以**讨贼也 / **以**是人多以书假余。

2. 本文最能表现伐魏的有利时机的句子是哪一句？____

   A. 先帝虑汉、贼不两立，王业不偏安，故托臣以讨贼也。

   B. 然不伐贼，王业亦亡，惟坐而待亡，孰与伐之？

   C. 顾王业不可偏安于蜀都。

   D. 今贼适疲于西，又务于东，兵法乘劳。

《隆中对》

1. 诸葛亮认为“霸业可成，汉室可兴”应该采取哪些策略，下列说法不恰当的是哪一项？____

   A. 夺取荆、益二州，作为“霸业”的根基。

   B. 外结孙权，内修政理，与西南少数民族和睦相处。

   C. 联吴抗曹，并从荆、益二州出兵。

   D. 从荆、益二州出兵，灭吴抗曹。

2. 下列对文章的理解和分析不正确的是哪一项？____

   A. 从分析天下形势，并提出对策、规划蓝图中，可见诸葛亮是具有远见卓识的政治家、军事家，具有天才的预见能力。

   B. 谈到建立“霸业”根基，诸葛亮先集中论述了占据荆州、益州的可能性，再紧承论述占据两州的必要性。

   C. 本文层次清晰，结构严谨，围绕“隆中对”的“对”前、“对”中、“对”后依次写来，且详略得当。

   D. 本文语言“言简而意丰，文省而深刻”，如结尾一个“善”字，就把刘备对诸葛亮的高度评价准确地表达了出来。

《进诸葛亮集表（节选）》

1. 下面哪一项与诸葛亮“严谨的风范所感化”的社会现实不符？____

A. 官吏不敢违法乱纪。

B. 人人纷纷要求上进。

C. 路旁有贵重的东西，马上有人捡起来，据为己有。

D. 强壮的人不以大欺小。

2. 在刘备称帝前，诸葛亮辅佐刘备做了哪些事情？下列说法不恰当的是哪一项？____

A. 出使东吴，结成孙刘联盟。

B. 赤壁之战取胜，平定江南。

C. 西取益州，并治理成功。

D. 制定法律制度，整顿军备。

《白帝城托孤》

1. 将下面有关白帝城托孤的相关情节按事件发展的顺序依次排列。____

A. 嘱咐赵云要看好刘禅。

B. 提醒马谡是个言过其实的人，不可重用。

C. 刘备兵败，在白帝城一病不起。

D. 对诸葛亮说：你的才能十倍于曹丕，刘禅若可辅佐就辅佐他，如其不才，可取代之。

2. 刘备临终前除了托孤，还嘱托了哪些事，下列说法不恰当的是哪一项？___

A. 嘱咐鲁王刘永、梁王刘理“以父事丞相，不可怠慢”。

B. 对众官员说，已经令刘禅“以父事之”，所有人亦不可怠慢。

C. 叮嘱赵云，“早晚看觑吾子”，勿负其言。

D. 要刘禅当面保证“以父事”诸葛亮。

第七单元　诗苑词坛

《山坡羊·未央怀古》

1. 下面哪一个人不属于“三杰当日”中的三杰？____

A. 张良　　B. 萧何

C. 关羽　　D. 韩信

2. 下面对此曲所表达的思想感情分析不恰当的是哪一项？____

A. “山河犹带英雄气，试上最高处闲坐地”二句，充分表现出作者对“三杰”的热烈赞扬与崇高的敬意，也蕴含着“鸟尽弓藏”的愤慨。

B. “东，也在图画里；西，也在图画里。”写的是祖国的美丽山河使诗人心中发出由衷的赞叹，表现了诗人的爱国热情。

C. 作者仰慕三杰的英气长存，这种仰慕之中也透露出作者想建功立业、有所作为的雄心壮志。

D. 此曲是元代张养浩在登未央宫殿的遗址时有感而写的，表达了自己功成名就的豪迈之感和想继续为国家效力的强烈愿望。

《金陵驿二首（其一）》

1.____描绘国土沦陷的凄凉悲惨的景象；面对残酷现实，身为囚徒的诗人已经无能为力，只能发出____的感慨。（用原文回答）

A. 草合离宫转夕晖

B. 孤云飘泊复何依

C. 山河风景元无异，城郭人民半已非

D. 从今别却江南路，化作啼鹃带血归

2. 对这首诗的理解有误的是哪一项？___

A. 首联用夕阳渐渐西斜、渐渐下落之“动”反衬出诗人久久凝望、久久沉思之“静”，突出诗人的无限悲恨和无尽怅惘。

B. 颔联“元无异”和“半已非”形成巨大反差，揭露战乱给人民带来的深重灾难，表现了诗人心系天下兴亡，情关百姓疾苦。

C. 颈联运用借代手法，给人悲凉凄惨的感觉：诗人在哭，金陵在哭，满地芦花和“我”一样飘零，旧时燕子也是无处栖身。

D. 尾联与《过零丁洋》里“人生自古谁无死，留取丹心照汗青”异曲同工，表达出诗人视死如归、以死报国的英雄气概。

《桂枝香·金陵怀古》

1. 下列对本词的分析不恰当的是哪一项？____

A. “千里澄江似练”的“练”字，勾画出千里江面似匹白绢，波光闪亮。“翠峰如簇”的“簇”字又描绘出青翠的山峰犹如一束束的箭，峻峭挺拔。

B. 上片围绕金陵秋色极尽渲染，以“画图难足”句作结，道出金陵美景用画笔是难以完美地描绘出来的。

C. 下片以“念往昔，繁华竞逐，叹门外楼头，悲恨相续”起笔，由写景转入怀古，并引发对六朝兴亡的感慨之情。

D. 全词情景交融，境界雄浑阔大，风格沉郁悲壮，壮丽的景色和神话传说和谐地融合在一起，自成一格，堪称名篇。

2. 下面对此词所表达的思想感情的分析不恰当的是哪一项？____

A. 悲叹六朝统治集团奢侈荒淫导致覆亡的历史。

B. 批评人们忘记六朝亡国的教训（自古以来，人们登高凭吊，不过是空发兴亡的感慨，商女至今犹唱《后庭》遗曲）。

C. 流露了对北宋王朝不能励精图治的不满情绪。

D. 对金陵壮丽景色的赞美、喜爱和对金陵的深厚情感，这也是此词表达的重点。

《闻武均州报已复西京》

1. 下面对这首诗尾联的赏析不恰当的是哪一项？____

   A. 尾联运用了想象和融情于景的手法。

   B. 诗人想象收复西京后，在来年的寒食节朝廷派出的祭扫宋先帝陵墓的使者，将通过梨花盛开的驿道而到达洛阳。

   C. “驿路梨花处处开”画面优美，充满诗意，形象而细腻地表达了诗人对收复失地、恢复中原的喜悦之情，令人回味无穷。

   D. 借“驿路梨花处处开”反衬战争的残酷和旷日持久，说明收复失地的不易。

2. 下列关于这首诗的赏析，不正确的是哪一项？____

   A. 首联写作者得知捷报后兴奋不已，挥笔喜赋此诗，歌颂白发将军武巨收复西京的壮举，感佩武将军老当益壮、雄心犹存。

   B. 颔联用“千年计”和“一日回”进行对比，强调天道正义在南宋一方，金主想千年统治中原的计谋终成迷梦，一朝破灭。

   C. 颈联运用“疾风雷”的比喻，形象地写出了国家中兴的赦令会像风雷一样迅速颁布到收复的西京，安抚归顺后的臣民。

   D. 本诗和杜甫的《闻官军收河南河北》的感情同中有异，相同的是都有收复失地的快意，不同的是本诗含有自己功业无成的伤感。

《战城南》

1. 对最后一句“应须驻白日，为待战方酣”理解不恰当的是哪一项？____

   A. 此句是流传千古的名句。日出日落是不可改变的自然规律，“应须驻白日”的呼唤，表面悖理而近痴，实则生动地表现了将士们高昂的斗志。

   B. 以“战方酣”三字结尾，并未直说战争的胜负，但孰胜孰负已然明了，因为第二联已表明直捣敌巢——阵翼龙城南了。

   C. 这句诗的意思是说战士们晚上浴血奋战，白天本应驻地休息，但他们并未停下来，因为他们特别享受战斗的快乐，战斗让人酣畅淋漓。

   D. 用典，传说鲁阳公曾挥戈使太阳退回。用鲁阳挥戈退日的典故表明汉军将士们的热情和激情以及势与敌人血战到底的决心。

2. 下列对本诗的分析不恰当的是哪一项？____

A. 首联是严整的对句。既指出了交战的双方，又介绍了交战的地理背景。

B. 颔联照应首句，指出“将军出紫塞”的原因。“阵翼”说明汉军无须包抄，只要正面迎击就能直捣敌巢，足见汉军之强大。

C. 颈联进一步描写抗敌将士的战斗生活。他们严阵以待夜不释弓，晨不离鞍，随时准备飞矢跃马，追奔逐北。比起“枕戈待旦”“夜抱玉鞍”，这样的描写新颖而有气魄。

D. 全诗表现了唐军同仇敌忾，誓与敌人血战到底的坚强决心。诗人也通过赞颂将士讨伐匈奴的英勇顽强精神，表达自己的爱国热情和建功立业的渴望。

整本书阅读

《茶馆》

1.《茶馆》的作者是____，故事集中发生在北京的____茶馆中。

A. 老舍　　B. 郭沫若

C. 裕祥　　D. 裕泰

2. 判断正误：从书选文的结尾“茶客甲”有一句话：“将！你完啦！”这句话的潜台词是：清政府完了，清朝社会完了，这个时代灭亡了。____

《简·爱》

1.《简·爱》的作者是____国的____。

A. 法　　B. 英

C. 夏洛蒂·勃朗特　D. 艾米莉·勃朗特

2.“你以为因为我贫穷、低微、不美、矮小，我就没有灵魂，没有心吗？——你想错了！——我跟你一样有灵魂……因为我们本来就是平等的！”下面分析不正确的是哪一项？____

A. 简·爱勇敢地追求爱情、幸福及平等的地位和女性的尊严。

B. 简·爱极力维护自己做人的尊严，勇于追求幸福生活。

C. 简·爱自尊、自爱，追求平等自由与人格独立。

D. 简·爱敢爱敢恨、坦率真诚，为了追求爱情，勇于放弃自我。

附参考答案：

经典中漫步 6

第一单元／揣摩领悟

《威尼斯商人（节选）》 1.A 2.D

《龙须沟（节选）》 1.B 2.B

《蔡文姬（节选）》

1.B 2.D 解析：节选部分没有写到蔡文姬想要回到汉朝的目的是促进匈奴与汉朝修好。所以选D。

《以梦为马，不负韶华》 1.B 2.C

第三单元／战争策略

《子鱼论战》 1.BC 2.C

《烛之武退秦师》

1.B 2.C 解析：C项中“秦对晋有割让焦、瑕二邑的恩惠”不对，应是“晋曾经答应把焦、瑕二邑割让给秦”，所以选C。

《公输》

1.D 2.C 解析：公输盘虽理屈词穷，但并没有放弃攻宋，而是将责任推给楚王。

《晋文公攻原得卫》

1.A 2.B 解析：本文主要突出晋文公恪守诚信的品质，未涉及自信问题。所以选B。

《官渡之战》

1.D 2.C 解析：袁绍对手下猜疑，不信任。从文中不采纳田丰、沮授的建议即可看出。

第四单元／诤言讽谏

《成侯邹忌为齐相》

1.A 2.D

《齐客谏靖郭君》

1.A 2.C

《齐宣王见颜斶（节选）》

1.B 2.C 解析：齐宣王要拜颜斶为师，并许诺“食太牢”“出乘车”“妻子衣服丽都”，但颜斶还是告辞离开了。所以选C。

《谈〈战国策〉》 1.B 2.D

第五单元／鸿鹄大志

《帝置酒洛阳南宫》 1.D 2.BD

《陈胜王凡六月》 1.C 2.A

《司马祠》 1.B 2.A

第六单元／赤胆忠心

《后出师表（节选）》 1.A 2.D

《隆中对》

1.D 2.B 解析：谈到建立“霸业”根基，诸葛亮认为应占据荆州、益州，二者都是先论述占据的必要性，再紧承论述占据的可能性。所以选 B。

《进诸葛亮集表（节选）》

1.C　2.D　解析：制定法律制度、整顿军备是刘备去世后采取的措施。所以选 D。

《白帝城托孤》　1.CBDA　2.D

第七单元 诗苑词坛

《山坡羊·未央怀古》

1.C　2.D　解析：此曲是元代张养浩在登未央宫殿的遗址时有感而写的，借以抒发心中的情感，着重与“三杰”对比后感叹自己仕途坎坷的经历。所以选 D。

《金陵驿二首（其一）》　1.AC　2.C

《桂枝香·金陵怀古》　1.D　2.D

《闻武均州报已复西京》　1.D　2.D

《战城南》

1.C　2.B　解析：“阵翼”说明汉军不但正面迎击，还左右包围，两翼的战阵已达“龙城南”——直捣敌巢。所以选 B。

整本书阅读

《茶馆》　1.AD　2. 正确

《简·爱》　1.BC　2.D